U0639752

落笔洞遗址　陆小克摄影

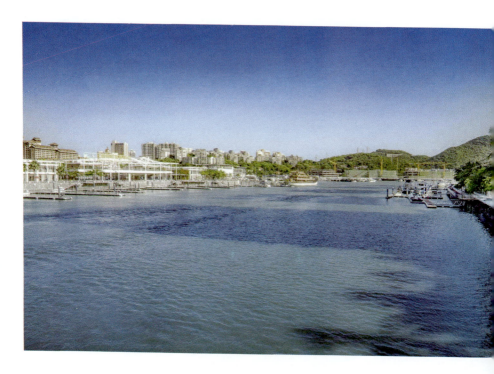

临川港遗址　陆小克摄影

"海判南天"摩崖石刻　陆小克摄影

黎村船形屋　关德摄影

黄家华———

著

琼南旧事

北方文艺出版社

图书在版编目（CIP）数据

琼南旧事 / 黄家华著 . -- 哈尔滨 : 北方文艺出版
社 , 2024.3
ISBN 978-7-5317-6100-6

Ⅰ . ①琼… Ⅱ . ①黄… Ⅲ . ①三亚市—地方史 Ⅳ .
① K296.63

中国国家版本馆 CIP 数据核字 (2024) 第 003252 号

琼南旧事

QIONGNAN JIUSHI

作　者 / 黄家华

责任编辑 / 王　爽　　　　　　　　封面设计 / 明翊书业

出版发行 / 北方文艺出版社　　　　邮　编 / 150008
发行电话 / （0451）86825533　　　经　销 / 新华书店
地　址 / 哈尔滨市南岗区宣庆小区 1 号楼　　网　址 / www.bfwy.com

印　刷 / 三河市国新印装有限公司　　开　本 / 880×1230　1/32
字　数 / 65 千字　　　　　　　　　印　张 / 4.5
版　次 / 2024 年 3 月第 1 版　　　　印　次 / 2024 年 3 月第 1 次印刷

书　号 / ISBN 978-7-5317-6100-6　　定　价 / 58.00 元

自序

　　三亚市所在琼南之地，曾经是西汉临振县、隋朝临振郡、唐朝振州、北宋崖州、南宋吉阳军、元朝吉阳军、明朝和清朝的崖州之辖区，2000余年的历史积淀，留下着实丰厚的文化遗产。

　　历史是文化的载体，文化是历史的血脉。历史文化遗产真实地记述着过去，并深刻地影响着当下和未来。"观今宜鉴古，无古不成今。"研究历史文化，以增进历史认知，增强文化自信、文化认同，重在古为今用。深入挖掘历史文化遗产的丰富内涵，就是为了充分发挥文化资源的价值，以史鉴今，以史增智，以史育人，以文化人。

　　三亚的历史文化底蕴十分深厚。笔者数十年致力于三亚历史文化的研究、梳理、考证，始终存实事求是之心，弃哗众取宠之意，努力维护历史文化遗产的真实性、完整性和延续性。2007年出版的拙著《崖城从前》，已被全国720多家图书馆收藏。收藏该书的有中国国家图书馆和各省市图书馆，还有北京大学、清华大学、复旦大学、浙江大学、武汉大学、厦门大学、中山大学等众多高校图书馆。

　　广大读者对三亚历史文化的关注让我深受鼓舞。对于三亚历史文化中一些以讹传讹似是而非的问题，我深感有责任审察辨伪，纠谬正讹。因此退休后八年间应约写了一系列"三亚史话"，在媒体上刊发。显然随笔史话不是学术论文。然而，笔者力求持之有故地去辨析厘清人们莫衷一是的那些疑问，深入浅出地阐述三亚历史遗存所蕴含的哲学思想、人文精神、价值理念，生动而不失严谨地讲述那些耐人寻味、雅俗共赏的三亚故事。虽然这只是一己之见，卑之无甚高论，然窃以为对于人们深入了解三亚历史文化不无裨益。

　　谨将其编辑为《琼南旧事》出版，以飨读者。

2022年5月5日

目录

CONTENTS

"落笔洞人"寻踪　　　　　　　　　　001

"鹿回头"小考　　　　　　　　　　013

临川县·临川港·临川里　　　　　　017

琼南的郡州军县　　　　　　　　　　025

冼夫人的汤沐邑　　　　　　　　　　032

寻访连珠寨　　　　　　　　　　　　037

"三亚"从前　　　　　　　　　　　049

"海判南天"与康熙《皇舆全览图》　064

琼南要塞榆林港　　　　　　　　　　070

三亚的盐　　　　　　　　　　　　　078

三亚湾上玳瑁洲　　　　　　　　　　087

海棠湾的古崎洲和涵三观　　　　　　094

大云山上大云寺　　　　　　　　　　102

琼南现代教育的肇始   107

乔迁三亚   114

早年黎村   120

吾乡吾土   126

吉阳军城创建于何时

    ——《三亚史》书稿审阅意见（一则）   132

"落笔洞人"寻踪

　　三亚落笔洞史前文化遗址,正式发掘于20世纪90年代初。考古发现十分丰富,不但有大量的石器、骨器、角器和炭屑灰烬用火痕迹等文化遗存,还有华南虎、亚洲象、豹、熊、貘、水鹿、赤鹿等多种动物化石和数万枚螺、蚌、蚶、蛤类贝壳。尤其重要的是,还出土了人类化石:13枚牙齿和1块距骨。专家鉴定,这些化石至少代表3个个体,老中青皆有。根据其形态特征判断,应属于晚期智人("新人"),在解剖学上,和现代人的体质形态已基本一致。学界称其为"落笔洞人"。经碳十四测定,"落笔洞人"生存年代大约在1万年前。"落笔洞人"是我们迄今为止所知道的三亚地区最早的居民。

神秘的远古先民如何来到这天涯绝地？他们究竟从何而来？何时而来？为何而来？

有学者认为，"落笔洞人"可能是在距今2万至1万多年时，通过因大理冰期造成海平面下降而出现的琼州海峡陆桥，从岭南地区迁徙过来。据说，与"落笔洞人"同时迁徙过来的还有一批活动在华南地区的动物，如华南虎、亚洲象、长臂猿、貘、熊等。虎们、象们和原始先民们，都抓住了天赐良机，一同到三亚"避寒"来了。

这种说法看似不无道理，细想却颇为可疑。大理冰期大概从7万年前开始，到1万年前结束。冰期中地球上大量的水凝结成巨大的冰川聚集在陆地上，从而使全球海平面大幅度下降，出现了诸如白令海峡陆桥等天堑变通途的情形。于是早年便有人类学家猜想：亚洲大陆上的古人类可能是从西伯利亚通过"白令陆桥"，经由阿拉斯加迁徙到美洲的。所以近年便也有海南学者关于"琼州海峡陆桥"的类似揣测。且不说"白令陆桥"大迁徙的猜想现在受到了美洲考古新发现的挑战，琼州海峡的历史毕竟与"白令陆桥"也大不相同。再说，大理冰期时，虽然我国气候普遍寒冷，但低纬度亚热带的华南地区会寒冷到华南虎们、古先民们都适应不了而仓皇逃跑吗？况且岭南与海南气温相差几许，何至于为之而跋山涉水千里迁徙？

2007年12月6日，《人民日报·海外版》和人民网刊发新华社记者郑玮娜的报道："近日，在海南省昌江黎族自治县信冲洞和红林三队采石场，考古人员首次发现了巨猿、熊猫、猩猩、犀牛、貘、象、硕豪猪等近20种哺乳动物化石。这些化石经中国地震局地质研究所地震动力学国家重点实验室电子自旋共振法测定，为距今40万至60万年。因为巨猿、熊猫、猩猩等动物的发源地都在大陆，所以，该重大考古发现证明，在40万年前，海南岛与大陆是相连的。"你看！无须多少万年等一回，无须冰期陆桥的出现，各种生灵早早地就来到这方宝地生息繁衍了。

其实，地质学研究已经表明，海南岛和雷州半岛，在地质构造上同属华夏地块的延伸部分，250万年前本来就相连。如果不是后来火山活动使之断陷形成琼州海峡，就不会有如今的海南岛，而只有曾经的

"琼雷半岛"（姑妄名之）。"琼雷半岛"的存在至少有200万年，可以想象，在这漫长的历史过程中，这片土地形成了一个怎样平衡自足的自然生态系统。且说言之有据的70万年前吧。地质工作者从孢粉分析中得知，在海南岛该地质年代的地层里，含有丰富的植物种属，如苏铁科、桑科、番茄枝科、无患子科、山矾科、棕榈科、萝藦科、夹竹桃科等，还有松属、柳属、柳杉属、栎属等。根据地理特点、气候条件、植物群落和区系演化规律及实物证据，专家断定：远古的海南地区曾经遍布莽莽苍苍的热带原始森林和植物繁茂的草原。如此优越的生态环境，自然而然就吸引四面八方的动物纷至沓来，在这块乐土上生活繁殖。孑遗在信冲洞的动物化石，给我们传递了来自远古的信息。

又据海南媒体报道，中国科学院古脊椎动物和古人类研究所研究员李超荣团队，近年在海南的考察中，不仅发现了信冲洞等3处哺乳动物化石遗址，还在南阳溪畔等地发现了一批旧石器文化遗址12处，新石器文化遗址1处，其中最典型的是钱铁洞遗址。

《第十三届中国古脊椎动物学学术年会论文集2012》所载黄兆雪、李超荣等学者的论文称，其考古团队于2012年2月对昌江县钱铁洞遗址进行发掘，在下洞发现石制品160余件，其中有石核、石片、刮削器、砍砸器、手镐、石锤和石砧等，还在上洞采集到一些石片、烧骨和动物化石碎骨。学者根据发掘地层和石制品的文化特征，初步确定其遗址地质年代属于更新世晚期，考古年代为旧石器晚期，距今大约2万年——比落笔洞遗址早1万年。尽管铁钱洞目前尚未发现人类化石，但其丰富的文化遗存庶几可以证明"钱铁洞人"曾经存在。那么"钱铁洞人"与"落笔洞人"是什么关系呢？

　　我认为，"钱铁洞人"和"落笔洞人"，无疑都同是来自华南两广的"大老乡"。根据是两个遗址发现的石器都具有共同的文化特征和地域特点。石器是人类最初使用的主要生产工具。从打制的"旧石器"发展到磨制的"新石器"，就如毛主席说的："人猿相揖别，只几个石头磨过，小儿时节"。（《贺新郎·读史》）石器的制造方法和器型形状常常作为学者判断遗址年代和文化特质的主要标志。落笔洞遗址的石器，有砍砸器、敲砸器、石锤、刮削器、尖状器等，多是砾石制品，主要采用单面直接打击的方法制作。无论器型、材料还是技术，都和钱铁洞遗址的基本相似：具有典型的华南地区旧石器时代晚期的文化特征和技术风格，与广东黄岩洞、独石仔洞及广西白莲洞等遗址同期文化，显然有一定的渊源关系。落笔洞与钱铁洞的两个遗址，虽然存在同根同源的共性，但由于年代相差上万年，所以各自又有着不可忽视的特点。例如钱铁洞有一种属于华南地区旧石器时代早、中期的重要石器类型——手镐，而落笔洞则有几件旧石器时代晚期才出现的穿孔重石（飞索石），这是经凿打后再加磨穿孔的环状石器，呈现了磨制技术的新元素。"落笔洞人"疑似传承并发展了"钱铁洞人"的技艺。"钱铁洞人"或许就是"落笔洞人"的"移琼始祖"，而"落笔洞人"可能就是"钱铁洞人"的后裔。

有朋友问，会不会有比"钱铁洞人"更早的"移琼始祖"呢？比如说，有没有早在40万年前就和信冲洞的熊猫们一起光临此地的古人类呢？我以为几无可能。虽然我国西南是早期人类生存演化的地区之一，海南地理环境与之近似，而远古动物的进入与古人类的前来，也有不言而喻的条件关系及因果关系，但在华南两广地区考古发现的古人类化石，至今只有大约10万年前的广东曲江"马坝人"和大约5万年前的广西"柳江人"，并没有更早的古人类文化遗址出现，所以不可凭空臆测。我们关于"钱铁洞人"的分析，也许还是比较可靠的推断。

如果曾经居留在钱铁洞及周边地区的这一批先民，果然是在2万年前抵达的，他们就确有可能通过桑田初现的海峡陆桥。所谓"陆桥"，只是干涸了的海峡。琼州海峡，南北宽近30公里，从北向南望，只见茫茫天际线。是什么动机，驱使先民们去穿越这片不毛之地？前面说了，不是"避寒"。那么，莫非他们突发浪漫情怀："世界那么大，我想去看看！"当然也不是。旧石器时代晚期的"智人"，还没有条件那么任性。他们使用打制的石器，四处采集和渔猎食物，过着漂泊不定的生活，时有饥饿之忧。也许是有那么一天，三五成群的狩猎者追逐一头什么猎物，猎物慌不择路，逃窜到了海峡陆桥上。狩猎者穷追不舍，他们绝不放弃好不容易才寻找到的这份能让他们活命的食物。结果喜出望外，他们不但捕获了猎物，而且发现了彼岸的新天地。这是一个与世隔绝的绿色世界、动物世界，上天储备了如此丰富的生鲜食物，好像就等着他们的到来。他们——他们的氏族，他们的部落，至少一百几十人的大迁徙，肯定不是轻而易举的事情，但是为了生存和发展，这是必需的。远古先民的迁徙，其实只是逐食物而居，未必有个既定的目的地。他们且行且觅食，步步为营。这一路走来，不知走了多少年，安过多少营。钱铁洞仅是我们目前发现的他们居留过的一处营地而已。

人类学家告诉我们，人类是群居动物，旧石器时代早期的"猿人"，就已经结成最早的社会组织形式"原始群"。他们必须以群体的联合力量和集体行动来弥补个体生存能力的不足。古人类虽然群居，但是群体都局限在一定的规模内。人数太少，不足以应付恶劣的自然环境；人数过多，又不容易获得足够的食物。"为了追猎动物，寻找野果或渔猎场地，他们不得不经常过着流动的生活；由于一块地方所能提供的食物有限，他们只好分成小群行动。据估计，即使在那些冬天气候也很温暖、物产丰饶的地区，每平方英里也只能养活一至两名食物采集者。"（斯塔夫里阿诺斯《全球通史》）学者推测，古人类一般以数十人组成一个群体，在一定范围内活动。"钱铁洞人"的社会形态虽然可能已经进入母系氏族社会初期，但想必也是如此。他们由血统关系结合成的氏族，在人口增长超过一定的限度时，自然也会分化组成新的氏族，另行生活。而由若干个相互通婚的氏族联合成的部落，人口超过所在地域的承载能力时，也会分解出新的部落并迁徙出去开辟新的领地。迁徙到三亚落笔洞的，应该就是其中的一个部落。那么，落笔洞能住得下一个部落的人吗？

落笔洞在三亚落笔村旁的落笔岭。落笔岭孤峰独峙，南面是悬崖峭壁，落笔洞就在峭壁底部。其为石灰岩溶洞，因为洞中原有钟乳石如笔凌空而得名。该洞比较宽敞，顶高十多米，深长十多米，确实宜居，所以万年之前的先民才安家于此。《崖州志》载，出洞左转，百余步高上，还"别有十余洞"；而东南又别有一洞，曰仙姑洞，"低于落笔洞，深广如之"。民间传说，此岭洞穴层布，共有36洞。有民国游览者自称，寻到了其中8洞，"每进一洞，门皆狭小而腹皆宽"。落笔岭山体大部分既为石灰岩，喀斯特地形溶洞众多，应该不是虚夸之言。一个部落，几个氏族，各据数洞，分别聚族而居；部落诸氏族则环山相连，何其得宜。如若穴居不足，自可构木为巢、结茅为庐以辅之。一个小部落，100来口人，在此安居，完全可以。

你也许会心存疑问：一个部落才100多人吗？为什么他们的迁徙不以氏族小集体为单位，而非要部落大集体？据历史学家斯塔夫里阿诺斯的研究，旧石器时代末期，全球人口才532万（不知他是如何测算出来的，姑且从之）。那时的社会群体，规模都比较小，一个氏族不过二三十人，一个部落不过四五个氏族，不能与后来的民族部落相提并论。至于为什么一个氏族不会独自迁徙远去，其深层次的原因，是受制于氏族社会的婚姻关系。原始人群从当初混乱杂交的婚姻形态，经过长期演变，形成族内同辈婚后，在旧石器时代晚期，终于发展为族外婚。族外婚就是一个氏族的一群兄弟，和另一个氏族的一群姐妹之间的交互群婚。实行族外婚，不但因为人们逐渐认识到近亲结婚的不良后果，而且族外婚有利于组成比较稳定的经常保持经济联系的生产和生活单位，有利于生产的持续，以及技术经验的继承和积累，为氏族的存在奠定经济基础。实行族外婚，必须有若干个距离不远的群体同时存在，如果一个氏族独处一方，族外婚就无从谈起。而原始部落就是各个通婚氏族的联盟，所以他们的集体迁徙就是顺理成章的事情。

除非发展严重滞后，"落笔洞人"想必已经进入母系氏族社会的兴盛期。从遗址出土的种类众多的伴生动物化石可知，"落笔洞人"狩猎收获颇丰。他们应该已经学会钻燧取火，以化腥臊。几万枚贝壳堆结，说明大理冰期结束后，气候转暖，海平面回升，海岸线曾濒临落笔洞附近，洞中居民很便利地享用到了丰盛的海鲜美味。万年前的落笔洞地区，遍布雨林、草甸和湿地，食物资源丰富，四时不乏可供采集的植物果实和可供挖掘的植物块根，温饱应该不成问题。那么，"落笔洞人"可以就此"安居乐业"了吗？他们在这方得天独厚的热土上生活了多少代人？在滔滔逝去的岁月中发生了什么突如其来的变故吗？他们何时又迁往何处去了？他们的后人今何在？

"鹿回头"小考

公元1274年，南宋官军"运筹三载，出师七旬"剿灭临川"三巴大王"之后，时为吉阳军知军的邢梦璜亲自撰写摩崖碑文以纪功。据《正德琼台志》所载完整版，其碑文中有三巴大王"建寨于鹿回头胜地"的语句。"鹿回头"一名出现在历史文献中，这是迄今为止我们所知道的最早的一个案例，距今已有740余年，可见其历史之悠久。

"鹿回头名胜"——请注意，700多年前邢知军就给鹿回头冠以"名胜"的美誉了。鹿回头被知军大人称为"名胜"，不应是浮泛戏言，想必当时至少在士大夫文人小圈子里就有相当的知名度。那么，鹿回头岭这座只有海拔275米的小山，究竟有何优美的风景、不俗的胜迹呢?《正德琼台志》(卷六)中有这样的记载:"鹿回头岭,在州东一百四十里海滨,临川之南。状如鹿至海回头,海为所障。宋临川里土贼陈明甫据其地为宅基。昔人曾于此掘得所埋金银。"此后嘉靖年间张岳崧等编纂的《广东通志初稿》也大致沿袭此说。

所谓"状如鹿至海回头,海为所障",可想而知,如此奔鹿临海而回头伫立的山形状貌,着实堪称一胜景。犹如乐东的毛公山和各地的卧佛山因自然山体形似而得名的景观,皆是远望酷似而已,并且应该是从某一个特定的角度远眺才得以看到这样的形貌。鹿回头半岛从东北往西南延伸出海,鹿回头岭则居于半岛南端,三面环海。这样的地理格局决定,可能看到"神鹿回头"形象的地方,多是在海上,在南来北往的航船上。最佳的观赏视角究竟在哪?不得而知。或许需要机缘巧合,才能一睹其神姿仙态吧?而最早发现这一美景者,或许就是宋朝人。南宋一位兼任福建及泉州海关关长的官员赵汝适,曾在其著作《诸蕃志》中写到,吉阳军与"琼管(海南岛北的琼州府,彼时改为琼管安抚都监——笔者注）虽有陆路可通，然隔越生黎之峒"，往来者多"再涉海而后至"。涉海往来的商旅墨客宦游官员，三亚湾是他们的必经之地。想必是诸公中的某一位，船过三亚湾时，正在观赏夕照辉煌的山海之景，蓦然发现：呀，山是一只鹿，鹿是一座山！惊奇之余，口耳相传，于是"鹿回头"就这样成名了。

其实，一地之名往往是该地理环境的素描。以地理形态特征命名，尤其是以形似而又具有吉祥美好的文化意义的动物为山川取名，在中国传统文化中屡见不鲜。鹿回头有横卧在大东海与榆林港之间的兔尾岭，还有位于榆林港东南，与鹿回头岭直面相对的虎头岭，《崖州志》称其"形如虎，雄瞰东洋。商船入港，必祭之"。

鹿回头岭如何得名，显然已经不得而知。可是，20世纪80年代初，崖县文工团创作演出《鹿回头》歌舞剧后，以为此地乃因"黎族民间传说"而得名的说法开始流传。这当然是一种误解，也许"事出有因"，但是"查无实据"。

　　《正德琼台志》刊行于公元1521年，绝版400多年后，才有上海古籍书店1964年据宁波天一阁藏正德残本的影印本，且发行量甚少，难得一见。清代《崖州志》各版本的编纂者，想必也未曾得以参考，以至于鹿回头岭"状如鹿至海回头"的记载，在《崖州志》中居然缺失。好在海南出版社于2006年出版了《正德琼台志》点校本，湮没无闻的史实终于得以彰显而广为人知。

临川县·临川港·临川里

　　说到临川，人们大多会想到江西抚州那个王安石、汤显祖等英才辈出的"临川才乡"。很少人知道海南三亚也有个临川。吾海南临川湮没无闻久矣。"临川"是官方对琼东南这方热土最早的命名。然而，如今人们只知道其后600多年始出自民间的土名"三亚"，而忘记了古老的"临川"。临川河被误书为临春河。临川村、临川桥、临川路，也一概被写成临春村、临春桥、临春路。"临川"所蕴含的历史文化信息，丧失殆尽。其实临川被误写为临春，早在民国时期就出现了。陈铭枢纂于1930年的《海南岛志》，有个记载崖县盐田经营情况的图表，就把临川写成了临春。临川往事，以讹传讹的情况不少，且已习非成是，纠正谈何容易。

临川县

公元610年，琼西南地区的行政建制终于有了突破：首次设置临振郡，下辖延德、宁远二县。不久隋亡唐兴。公元623年，改临振郡为振州，州治沿袭郡治，在宁远县即吾乡崖城。升格的振州于是增设一个临川县。

《崖州志》记载，临川县治在州城"东南一百一十里盐场西南山中"。准确地说，临川县城是坐落在一个小山坳中，南依大曾岭，北接豪霸岭，东靠打狗岭，西临河川。显然正是因此，该县被命名为临川县。也是同样的缘故，它所面临的这条河川，自然而然就得名临川河（水）。

临川县经历有唐一代274年，唐亡之后安然无恙。五代梁唐晋汉周，五十年风云变幻，临川县依然存在。直到十国之南汉（917—971年），才被废而并入宁远县。临川县在历史的风雨中延续300多年，可谓"长寿之县"了。然而，300多年间，这里发生了多少故事，我们却不得而知。

宋朝开国之初，公元972年，改振州为崖州。而时过100年后，公元1073年，始设置临川镇。作为驻兵戍守边境之军镇，镇将既管理军务，又兼理民政。然而重兵镇守之下，三巴大王何以能够作乱称雄于临川呢？想必该"镇"早已名存实亡，或许蜕变成了宋人笔记所说的，"民聚不成县，而有税课者，则为镇"也。

临川县、镇遗址，皆在今之临春村背后，往东退去靠近打狗岭。刊行于公元1521年的《正德琼台志》称其"石街尚存"。曾听朋友说有临春村村民捡到什么古物。我不太相信，但还是悄悄跑去寻觅一趟，村里村后走了半天，结果一无所得。临川为县为镇四五百年，乏善可陈。且说临川港。

临川港

临川港形成于何时？没有看到明确的记载。但南宋末年，官军征剿三巴大王时，曾"至临川港"。时任吉阳军知军的邢梦璜在其纪功的摩崖碑记上的这一记述，说明至少在南宋时就有临川港了。现存历史文献中，最早正面记载临川港的，可能是《正德琼台志》："临川港，一名临川水，在州东一百三十里，源出黎山，分为两派前后夹流临川地。唐以县名。"显而易见，这一记述却有纰缪。其一，以偏概全。临川港是河港，即港门村老人所谓的"后头港"，位于临川河口，大致在今之潮见桥南北一带。港在河上，但港毕竟只是河的一小部分。其二，"泾渭"混淆。"夹流临川地"的分别是两条河，"龙坡"东边是临川河，而西边则是三亚河。两河不该混为一谈，虽然它们在入海口交汇合流。请看光绪版《崖州志》的记载："临川水，源出城东北一百四十里罗葵大岭。西南流，经半岭、抱鼻、崩塘等黎村，南至荔枝沟与小水会。其小水，源出罗蓬岭西流，经江花、南丁黎村来会。又南经豪霸岭麓，绕九曲，出港门村，后至三亚港，与三亚水会，入于海，约行五十里。"其实这里所述，也有疵误，实际情况是出港门村与三亚水会，后至三亚港，入于海。

唐胄乃琼府大儒，文史方家，但因为未能实地勘察山川形势而轻信传闻，以致所记失实。后来者却盲从先贤以讹传讹，如道光版《琼州府志》亦云"临川港，旧名临川水"，乃至称"三亚港，又名临川港"。这简直是"移花接木"！临川港是河口港，三亚港是海湾港，相距三五里，位于不同的地理单元，就算邻近的三亚河口"内港"，也是隔着"龙坡"，一个在东，一个在西，岂能混为一谈？何以造成如此误会？我想或许是临川港不见载于《崖州志》的缘故。那么《崖州志》为何不记载临川港？可能是废弃年久湮没无闻了。

　　清人顾祖禹在《读史方舆纪要》中说，临川"有故盐场，亦宋置"。临川港是伴随着当地盐业生产形成的。临川盐场经宋元而历明清，且于洪武二十五年（1392年）便开设了盐课司，虽然也忝列海南六大盐场，但直到清初，据说年盐产量还只有两万斤左右。盐场生产规模如此，作为辅助配套的临川港，其格局可想而知，也许只是停泊一些渔船和运盐船只的天然河湾小码头。临川港之废弃，三亚港之兴盛，大概始于清中叶，且兴废之事，应是渐进的。三亚港所以能取代临川港，自是得益于地利及天时。地利乃海港水深湾阔，内港宜避风浪；天时则主要是清末民国初年近海航运迅猛发展，与外埠商贸往来日趋繁荣，尤其是本埠盐业得外来投资而顿时昌盛。"查全琼产盐，以崖属三亚港为最富，盐田资本以三亚港为最多。"因载盐利厚，琼岛内外船运公司竞相前来运盐——盐事说来话长，且待另行分解。

临川里

余寓居临川故地近40年，翻阅方志才知道，余乃"临川里"居民。《正德琼台志》载，临川里乃明代崖州所辖十四里之一，而所在区域不详。但据其称"前后夹流"的"龙坡"为"临川地"，可以推断那里就是临川里所在。明朝实行里甲制，以一百户为一里，一里分为十甲，曰里甲。由此可知正德年间，临川里也许就只有一百来户人家。《琼台志》还特别注明，临川里居民户籍均属"灶籍"，也就是说，他们都是以制盐为业的人户，即盐工。清朝沿袭明朝，临川里一仍旧制，只是已无"灶籍"之说。

光绪版《崖州志》明确记载临川里有三个村：港门、榕根、月川。港门，顾名思义，就是港口的门户。港之所在之处，多有港门地名。全国各地，港门之名比比皆是。我所供职的崖县中学，就在港门村。据说村民有家谱记载，港门立村于明朝成化年间，始祖移民自闽南莆田来。1937年，港门村中开通一条道路，道路横贯东西，把村子一分为二。道路以北为上村，道路以南为下村。日军侵占三亚后，为便利其军事行动，使三亚、榆林连通，修了两座木桥，分别对接东西路口。临川河上的叫潮见桥；三亚河上的叫汐见桥。从前港门村里到处是高大的酸豆树，其中不少是年岁数百的沧桑古木。

港门村北上四五里，就是榕根村。从村名"榕根"可以推断，早年该村村民多是迈人。因为只有迈话把榕树叫作"榕根"。榕根村又名树园，这又说明该村村民还有"客人"，因为叫"树园"的，就是讲"客话"即琼语的"客人"。两个村名都说明，当年榕根村里有很多榕树。20世纪90年代初，朋友在榕根置地造屋，我前去参观时，村子里已见不到几棵榕树。从朋友的楼上往东望去，只见一片开阔的盐田故地。

月川位于龙坡北端，又名下村园。在光绪版《崖州志》附图上看，月川村南与榕根村相邻，并无河沟相隔。据说开掘沟堑之事，乃日本鬼子所为。小时候，曾跟母亲去下村园，从解放路渡口搭船过去。记得村子里茅屋疏朗，绿树成荫，好多都是杨桃树。树上挂满了五棱阳桃，一簇簇……后来，听说月川的杨桃树被砍光了。后来，又听说月川村里"种"满了房子。

琼南的郡州军县

　　琼南古郡、崖州故地，都说如今三亚市因袭之。其实泛说似是，细论而非。琼南行政建制，2000余年几度大变易，虽说万变不离其宗，但是辖区之大小，尽管大同，却非小异。所以不好一言以蔽之。

　　公元610年，隋炀帝划分珠崖郡西南部之地设置临振郡，领辖宁远、延德二县。宁远县境大致是今三亚市及保亭县南部；延德县境则基本上是今乐东县。李吉甫在《元和郡县志》中称，此宁远、延德二县，皆是"汉临振县地"。原来早在汉武帝元封元年（公元前110年），该地就曾经设置临振县，先属儋耳郡，后属珠崖郡。汉元帝初元三年（公元前46年），珠崖郡被罢弃，临振县亦随之而废。600多年后，隋炀帝在此临振县故地置临振郡，郡治沿袭西汉临振县治，即时为所属之宁远县治（吾乡崖城）。从此琼南地区有了架构层次的行政建制。

唐武德五年（622年），临振郡改称振州，属县增加同年新置的临川、陵水二县。增置临川县，其实就是将原宁远县一分为二，以东部区域划分为临川县。大致是以临川河为界，河东的田独、红沙、林旺、藤桥及保亭南部一带归属临川县。临川县治故址，在今三亚市临川河东临川村背后的山坳里。明正德年间，石街尚存。

陵水县当初归属振州，使振州的疆域一度东扩。但好景不长，唐龙朔二年（662年）之后，陵水县又改属新设置的万安州了。

唐贞观二年（628年），"析延德置吉阳县"。《旧唐书》《新唐书》对此均有明确记载。但有唐人著作称，吉阳从宁远县分置。我深不以为然。这并非盲从国史正典而忽视一家之言。大凡治国理政者，莫不"量地以制邑，度地以居民，地邑民居、必参相得"。先前宇远县已经一分为二，以增置临川县，如何还有划分出一个吉阳县的地块来？且稍后天宝年间所置的落屯县，也在宁远县境之内，该县治"落屯村"在宁远县治吾乡崖城东北50里。为何要将宁远一分为四，却让广阔的延德空置荒芜？东部"密不透风"，而西部"疏可走马"，这显然有失均衡。唐太宗会如此昏庸荒唐吗？

公元742年，唐玄宗改元"天宝"，敕"天下诸州改为郡"。振州更名为延德郡。公元758年，唐肃宗复郡为州。延德郡恢复为振州。折腾十几年，一切照旧，只是改变个名称。

公元907年，大唐灭亡。五代十国时期，南汉取代李唐接管海南54年，始终因袭唐制，振州依旧是振州。但所属的宁远、吉阳、延德、临川、落屯五县，裁撤合并为宁远、吉阳二县。(《十六园春秋·地理志》)

赵匡胤"陈桥兵变"取代后周定鼎天下后，在海南岛设置琼管安抚司（琼州），儋、崖、振、万安四州皆隶属之。宋开宝五年（972年），宋朝将位于琼东北的崖州撤除，并入邻近的琼州，然后改称振州为崖州。

自此,琼南吾乡始称崖州。

崖州领辖宁远、吉阳二县,历时100年之后,公元1073年,宋神宗废崖州为珠崖军,废吉阳县为藤桥镇,宁远县为临川镇。昏君庸臣乱政闹剧开始上演。尤为甚者,那位精工瘦金体花鸟画的宋徽宗赵佶,居然在10年间,于公元1106年、1107年、1111年、1116年、1117年,五次改变琼南地区行政建制(详见《宋史·地理志》)。如此混乱的朝政,果然是亡国之兆。不过十年,北宋灭亡。此前,政和七年曾将珠崖军改为吉阳军。可是偏安一隅的南宋于绍兴六年竟又将吉阳军废了。公元1143年,吉阳军及其属县宁远、吉阳的行政建制才得以恢复。

吉阳军之"军",乃宋朝的一种行政区划单位,级别相当于八等之末的下等州,其地位极低。宋朝由州改军是降级。苟且偷安的南宋小朝廷也许已无力再折腾,所以琼南吾乡吉阳军的建制自此一直延续了130余年不变。

宋亡元替。海南由宋归元,终元之世皆沿袭宋的建制,无大改变。至元十五年(1278年),吉阳军属县仍然是宁远和吉阳。至元二十八年（1291年），乃撤吉阳，保留宁远。

明朝开国伊始，洪武元年十月，即把吉阳军改回崖州。明太祖这一雷厉风行之举非同小可，在琼南行政建制史上影响深远。明朝此时所恢复的崖州，历经明清两朝一直延续540余年，乃至现代以降，余韵未尽。"崖州"今日仍然是琼南地域文化的历史标签。

洪武初年，崖州只领辖宁远一县。洪武十九年（1386年），本为儋州所领的感恩县改属崖州。崖州乃辖宁远、感恩二县。正统五年（1440年），精简机构，撤销"附郭"（治所在州城内）的宁远县一级建制，其境域归崖州直辖。

清朝承袭崖州建制。然而清朝的"州"分为两种，一种是直隶州，相当于府一级，下有属县；一种是属州，也叫散州，相当于县级，无属县。清光绪三十年（1905年）之前，崖州与儋州万州，隶属于琼州府，同是属州。"光绪三十一年十一月，升崖州为直隶州，领万县、陵水、昌化、感恩四县。"（《崖州志·沿革》）崖州直隶州辖区，几乎占了海南岛南半部,尤其是南海诸岛及其海域,皆属崖州直隶州管辖。

崖州直隶州存在不过6年。辛亥革命后,民国政府便将其撤销。崖州改为崖县,同陵水、昌化等四县归属由琼州府改制的琼崖道直辖。民国崖县分置5个区:中一区(崖城),东二区(三亚),东三区(藤桥),西四区(九所),西五区(黄流)。1913年,广东省政府把全省诸县分为三个等级,崖县属三等县。

1950年海南解放后,崖县曾设置1镇9乡:榆亚镇(红沙),藤桥乡(藤桥),回栏乡(羊栏),信孚乡(马岭),仁义乡(崖城),礼智乡(港门),罗所乡(九所),乐官乡(冲坡),黄孔乡(黄流),海塘乡(莺歌海)。

1955年改设5区1镇:崖城区、羊栏区、藤桥区、九所区、黄流区、三亚镇。1958年撤区并大乡,设置崖城乡、马岭乡、白超乡、梅山乡、羊栏乡、回辉乡、洪风乡、藤桥乡、九所乡、冲坡乡、黄流乡和三亚镇、莺歌海镇。随后各乡相继成立人民公社,详情不赘述。

1958年12月,崖县、陵水、保亭,以及万宁县的兴隆、南桥、牛漏地区,合并为榆林县。(国务院批复：仍称崖县。）崖县所属的九所、黄流地区划归乐东县。1959年11月，保亭县恢复原建制，从万宁县划出的地区回归万宁县。1961年，陵水县恢复原建制。乐东县所辖的雅亮、育才地区则划归崖县。

冼夫人的汤沐邑

被周恩来总理赞誉为"中国巾帼英雄第一人"的冼夫人,以忠义之道维护国家统一,以德信仁爱促进民族团结,功勋卓著,名传千古。她深明大义,忠贞报国,智勇双全,恩威并用,以德服人,怀集百越,保境安民,泽被岭南。隋文帝于开皇十年(590年)"赐夫人临振县汤沐邑,户一千五百"(详见《隋书·地理志》)。

冼夫人受赐汤沐邑,是莫大的荣耀。汤沐邑是君王赐予功臣贵族的一种作为世禄的封地。受封者可征敛其封邑之内民户的赋税为食禄,世代传袭。秦汉实行郡县制之前,食邑者即其封邑的统治者。郡县制推行后,食邑者一般不再拥有封邑里的行政权。冼夫人的汤沐邑，则是个例外。

冼夫人的汤沐邑临振县，始设置于公元前110年，汉武帝平定南越后，于元封元年即公元前110年，在海南岛上设置儋耳、珠崖二郡，共领辖16县。临振县是当时儋耳郡所领辖的其中一个县。汉昭帝于始元五年（公元前82年）罢废儋耳郡，其地归并珠崖郡。临振县亦改属珠崖郡。初元三年（公元前46年），汉元帝纳贾捐之谏议，罢弃珠崖郡，临振县自然随之废置。西汉王朝在海南岛上设置的郡县，至此清空。直到东汉光武帝时，马伏波曾"抚平珠崖""立珠崖县"。然而，据说该县治并不在海南岛上，却是在海北徐闻。这其实就是象征性地宣示对海南的行政管辖权而已。之后三国两晋南北朝，时有效仿东汉者，也在海北"遥领"海南，实则"不有其地"。此后630年，海南岛上原始村峒，诸酋领各自为治，彼此不相统属，纷争不断，各为雄长，无法无天。如此乱局，古已有之，于今为烈。

冼夫人受命于危难之时，迅速抚定海南。"儋耳归附者千余峒。"梁朝大同年间（535—546年），萧梁朝廷应冼夫人之请，在西汉儋耳郡故地置立崖州，以一统全岛大局。数百年的"遥领"之地，终于重为"王化"之地。海南岛上的行政建制及其实际运行，此后再没有中断。冼夫人之举，居功至伟。

据《陈书》有关记载，冼夫人请置的崖州，在陈朝宣帝太建四年（572年）时确实已经存在。然而，隋文帝赐予冼夫人的汤沐邑——其时应属崖州所辖的临振县，却不见载于《隋书·地理志》。莫非是《隋书》的纰误？断然不会。《隋书》是二十四史中的精品，由魏征领衔主编，编撰者都是饱学严谨之士。《隋书·地理志》就明确记载隋炀帝于大业三年（607年）改崖州为珠崖郡之事。珠崖郡统辖十县，各个县名皆罗列分明。其中有宁远、延德（宁远县境在今三亚市，延德县境在今乐东县）。唐人著作《元和郡县志》称，此宁远、延德二县，均为"汉临振县地"。三年之后，大业六年（610年），隋炀帝析珠崖郡西南地置临振郡，领辖宁远、延德二县，郡治宁远（今三亚崖城）。

综上所述，可以推断，《隋书·地理志》之所以不载临振县，是彼时临振县并不存在。也就是说，没有梁、陈或隋初重置临振县的档案记录，国史正典编者不能凭空杜撰。而《隋书·谯国夫人传》所载隋文帝赐冼夫人临振县汤沐邑，并赠夫人已故之子冯仆"崖州总管"，乃据诏书传述，真实可信。隋文帝的盛情隆恩毋庸置疑。唐胄在其主编的正德《琼台志》卷三"沿革考"按语中说："其曰'赐临振县户'者，犹云赐临振郡之县户也，盖言当时所赐宁远、延德之县地耳。"先贤所言极是。

隋文帝也许曾经规划因循西汉旧名故地重新设置临振县，于是将这个拟再设置的临振县赐予冼夫人。可是，天下初定，百废待兴，隋初实在无暇顾及海南的行政布局，恢复临振县一时无法落实。因此，冼夫人所受赐的汤沐邑——临振县，只是拟设，有名无实，其实是西汉临振县故地及其民户。隋文帝的重赏厚赐既是对冼夫人的丰功伟绩的褒奖，更是要借重冯冼家族在岭南的强大势力，归附峒俚，保境安民。冼夫人安定百越，"政令有序，人莫敢违"，其崇高威望无人可及。没有向化效忠的冯冼家族通力合作，中央政权对海南的控驭将举步维艰。所以，隋文帝将这个已经废弃了600多年的临振县赐予冼夫人，或许是有意把这个汤沐邑作为一个特别行政区，赋予高度自治的行政权，让冼夫人再为隋王朝定边建功。在已经全面实行郡县制的朝代，竟让这么一个特区封邑存在，这是怎样的恩宠！虽然不如他人安居现成的郡县里坐收赋税为食禄安逸，但女中豪杰冼夫人以天下为己任，今得一方天地自主为政，施展雄才为国效劳，夫复何求！

隋仁寿初年（602年），冼夫人与世长辞。五年后，隋炀帝在冼夫人汤沐邑汉临振县故地置宁远、延德二县。尔后又升格为临振郡、领宁远延德二县。临振郡仍然是冯冼家族的世袭领地。唐初，高祖改临振郡为振州。州治沿袭郡治，依旧在宁远，吾乡崖城。唐天宝年间，鉴真高僧光临振州，出面接待高僧的振州别驾冯崇债和后来送行高僧的万州总管冯若芳，都是冯冼家族的后人。

明成化年间，崖州重修冼夫人庙。"以夫人在隋曾赠临振县为汤沐邑，改额曰'郡主'。"（正德《琼台志》）海南岛上有冼夫人庙数十座，尊称不一，唯崖州庙曰"郡主夫人庙"。何谓"郡主"？临振郡之主也！

寻访连珠寨

三亚何处连珠寨

"连珠寨在州东一百里鹿回头岭上。宋末土豪陈明甫自号三巴大王，建屋于此。后大军征讨，又作寨固守，名连珠。遗址尚存。"《正德琼台志》如是说。情况似乎已经十分清楚，其实不然。有些问题至今还是扑朔迷离。

鹿回头岭在鹿回头半岛的南端，地图标示其高度是海拔275米。山不算高，但十分险峻，南面和东西两面都直接临海，尤其在南面，悬崖绝壁之下，就是有名的打浪角。1988年秋，为了一个关于这一历史题材的电影剧本，我和朋友曾一同上山寻访连珠寨。古之人不余欺也，确有"遗址尚存"。经过几番周折，我们

　　终于在岭顶见到了好多风化斑驳、苔痕灰黑的大石头，有的堆砌成台成堡，有的散放一地，似铺似砌。面海一道壕沟，疑似当年战堑。打浪角西边凹进，浑然天成一个半月形小港湾。这或许就是700多年前三巴大王的战船停泊过的一个据点。

　　我四处仔细搜寻，期望从乱石堆里或灌木丛中找到一截断剑，或一个铁矛头，结果连一支锈蚀残存的箭镞也没有找到。尽管如此，我们还是确信这里就是三巴大王的连珠寨遗址。但我四处转了半天之后，好像又觉得有点什么不对。这个山头方圆不过二三里，最多只宜几十上百人驻扎。朋友指着西南相邻的一个小山头说："那里也可以驻下几十人。"可是，据说三巴大王的人马至少也有好几百号，如果仅有这一处营寨，怎么能挤得下来？况且粮草供应如何保障？再说如此孤独一寨，四面受敌，孤立无援，无所策应，进退失据，如何防守？

　　下山后我揣想：三巴大王的连珠寨，不应只此一寨。所谓"连珠"，意即如珠之连贯，也就是说，须有若干个——至少也要有两个以上之"珠"，才可能构成连贯之势。不然，孤独一"珠"，何以名之"连珠"？我以为，寨名"连珠"，应是三巴大王各个营寨的总称，而我们所见的遗址，也许只是连珠寨的主寨而已。

那么，连珠寨还有哪些分寨，在哪里？找来地图一查看，顿时豁然开朗。你看鹿回头半岛地形，就像一个哑铃，南端一大头是主寨遗址所在的鹿回头岭，北端一大头，也是一道岭，即如今鹿回头公园所在。《崖州志》附录的古代地图标其名为南边岭，现代地图则标其名为鹿回头。从地形等高线上看，此岭稍低于彼岭一级，但其横踞半岛门户，势如卧虎，雄瞰西北海湾，这是鹿回头半岛及三亚故港的一道天然屏障，乃兵家必争之地。我以为，当年三巴大王必据其险为一营寨而扼制出入半岛的海陆关隘，以此与南端的主寨遥相呼应，互为依托，形成两个蓄势搏击的犄角，且对二岭之间平阔坡地上的村落形成了有效的护卫。这样一来，整个鹿回头半岛就完全在大王的控制之下，有较大的回旋空间而自成一体，何乐而不为！

为了印证这一猜想，我们三上鹿回头公园寻找物证，结果一无所获。然而，当我从山顶上俯瞰樯帆林立的三亚渔港时，蓦然想起《崖州志》所载《节录磨崖碑记》中有关官军围剿连珠寨的一段记述："乙未，至临川港。贼以数十舟逆战。善射者射之，辄毙。贼退保栅。丙申，轻舟济精兵。潮涸涉浅，先登，拔贼外栅。攻连珠寨，东西夹击……乘胜拔其大寨。贼溃，自相蹂躏。死者枕藉。火其巢窟，累日烛霄。"这一记载明白地说到了连珠寨的另一地址。

由此可知，当年官军首先是从临川港向三巴大王开战的。那么，临川港究竟在何处？清朝道光年间的《琼州府志》中说："临川港，旧名临川水，唐置临川县，盖以此水名。"临川港其实就在临川河口，即如今潮见桥的南边。南边岭西南枕海，壁立高耸，居高临下，三亚港尽收眼底，三巴大王的"连珠"之一寨，必在其之上；而此岭北麓濒临港湾，坡缓滩平，这里就是碑记所说的"外栅"营地，即三巴大王的"军港"码头。740年前，那场浴血蹈火的大战就发生在这里，确凿无疑。

三巴大王何许"王"

《崖州志》载:"咸淳三年,土贼陈明甫陈公发等据临川镇,称三巴大王。"

咸淳三年(1267年),南宋在蒙古铁蹄的蹂躏下大势已去,苟延残喘至1279年,终以陆秀夫背负走投无路的南宋末代小皇帝赵昺蹈海而死宣告灭亡。此时起事的"乱世英雄",似乎就难免有点"趁火打劫"之嫌。

宋代的临川镇与唐代的临川县,皆以地处临川水东而得名。临川水如今已被改名为"临春河",还有临川春村和临春桥之讹名也把残存的一缕古代历史信息抹去了。据州志府志记载推断,从前的临川县或临川镇治所,东依打狗岭,南靠大曾岭,北接豪霸岭,大致就在临川河东的白鹭公园东面的临川村一带。据《琼台志》载,明代正德年间,遗址的"石街尚存",而今则已无觅处。宋人在《事物纪原》中说:"民聚不成县而有税课者,则为镇,或以官监之。"由此可知,陈明甫等占据的临川镇是稍次于县的一级行政区域，规模不大也不小。

《节录磨崖碑记》罗列陈明甫、陈公发的罪状如下："明甫、公发倚黎薮逋，窃据为盗，建大寨于鹿回头。驾舶有双龙首，服器僭越，榜称王号。系累军卒，擅征民粮，占税户五十余村。剽袭商货，司舶虚设，掠及濒海八州居民，以鬻外番。"官府的这些指控，概而言之，无非是政治、经济两方面。

先说政治方面，其"罪行"主要是：凭借黎寨作掩护，偷偷占据一方为王，在鹿回头上安营扎寨，驾乘双龙头装饰的大船，超越本分冒用帝王的器具服饰，发布告示号称"三巴大王"。诸如此类事情，其实不值得大惊小怪。在中国历史上，每当王朝末日，社会失序，天下大乱，群雄纷起，无不图谋趁势改变社会结构，重新分配权力和利益。造反者或为报仇雪恨，或为富贵易位，都在情理之中。平心而论，陈明甫不过割据一隅的一介山大王而已，并无攻城略地之举，只图与官家瓜分一方之利足矣。所谓"僭越"云云，不见得就意味着有觊觎天下的野心，谅他也不至于如此不自量力，或许只是好汉自娱自乐过把帝王瘾的恶作剧，大可不必认真。当然，这在皇权卫道士看来便是犯上作乱，是可忍孰不可忍。然而，说实在话，既然王朝江山已经朝不保夕了，还谈什么纲纪秩序！

再说经济方面，其"罪行"主要是拘押官军士卒，擅自征收民粮，私占50余村的赋税，袭击商贩抢劫财货，假冒官府海监，掠夺沿海八州居民过往船只的财物，卖到国外。请注意，对于军卒，只是捆绑（"累系"），而非杀害，可见大王颇有分寸，并非杀人不眨眼的恶魔。至于征粮收税，自古就是官家专利，岂容他人染指，但大王要分一杯羹，也自有他的道理。据说，为生存而夺取属于自己的利益，就有其天然的正当性。然而，说到"剽袭商货""掠及八州"，如果不是诬蔑不实之词，则已无异于海盗行径，实在不敢恭维了。若以"劫富济贫"为之辩解，也难抵殃及无辜之恶，更何况大王劫富未必济贫。

陈明甫等号称"三巴大王"，不知"三巴"当作何解。曾闻朋友穿凿解为对川蜀之"三巴"郡名的模仿，实在牵强附会，殊难苟同。窃以为有一种解释或许较为切合事理，谨述于下，以供参考。

据《说文解字》，"巴"字篆体像蛇形，故释为食象之大蛇。《山海经》亦有"巴蛇食象"之说。《左传》有"深山大泽，实生龙蛇"，龙蛇并称，以喻非常之人。说唱晋文公与介子推故事的《龙蛇歌》，称道"龙欲上天，五蛇为辅"。古人相信，"蛇有无穷之寿"，民间俗称"小龙"，以之为吉祥之物。陈明甫为临川一镇豪绅，不会不通文墨。对于上述中国传统文化中的龙蛇观念，想必不会一无所知。当他们兄弟三人（陈明甫和陈公发，还应有一人佚名）斩木为旗，聚啸山林时，须打出一个旗号，就自然选择了"三巴"。"三巴"者，三条巴蛇也。三个好汉以巴蛇自居，不是"真龙"，也是"小龙"。他们以"非常之人"自命不凡，以吞象之威自大自豪。王号"三巴"，霸气和道义兼容，既有威慑力，又有神秘感，雅俗咸宜。

但究其实，除了上述官府所指控的，"三巴大王"还有些什么除暴安良、拯危救弱的作为，或有些什么具体的政治诉求，我们一无所知。我们知道，东汉黄巾军的"太平道"宣传"非常公平"，隋末瓦岗寨开仓散粮，唐末黄巢号召"天补平均""等贵贱，均贫富"，水浒梁山则"替天行道"，明末大顺军主张"均田免粮"，清末太平天国提出"有田同耕，有饭同食"。"三巴大王"显然不能同"闯王""天王"们相提并论。"三巴大王"也许就是拥兵自重、称霸一方的山大王而已，不必过誉，当然也不能诋毁。革命的逻辑是"造反有理"，无论如何，反抗旧制度的压迫天经地义。

何其诡秘玳瑁栏

"玳瑁栏，在州治东南五十里官道郎凤岭下海边，有巨石数十丈如屋。宋时临川里土豪陈明甫作耗，凿石为栏养玳瑁。今石桩两列见存。"

根据《正德琼台志》上述记载，我和朋友20多年前曾前往探寻。郎凤岭又名红岭。在红岭海滨，如屋巨石巍然矗立，而"石桩两列"则寻寻觅觅始终不见。州志说的"瀑布下泻"也杳无踪影。

700年前的玳瑁栏，如今找不到不足为奇。或许是石桩被水淹沙埋，或许是我们误入歧途也未可知。让人疑惑不解的是，此地东去连珠寨有50余里，三巴大王养玳瑁为何偏要选择这里？鹿回头附近好地方多的是，东邻的小东海就极其适宜，大王为何舍近而求远呢？

宋人在《桂海虞衡志》中载："玳瑁生海洋深处，状如龟鼋，而壳稍长，背有甲十三片，黑白斑文，相错而成，其裙边缺如锯齿，无足而有四鬣，前长后短，皆有鳞斑文如甲。海人养以盐水，饲以小鱼。"我国以此作为珍品贡献，始于夏商周三代，到战国时更用作饰物。《汉书》把玳瑁与犀象珠玑等列为南越的珍奇特产，说中原"往商贾者多取富焉"。《崖州志》称"州境多生，故洲名玳瑁云"。就是说，鹿回头西面海上的大小玳瑁洲，就因为此地盛产玳瑁而得名。玳瑁既是本地重要的经济来源，"三巴大王"因地制宜发展养殖便在情理之中。天下熙熙攘攘，皆为利来利往。只要有利可图，就会有人追逐。可是，玳瑁的生长周期很长，养殖是为长线投资，一朝一夕难见经济效益。

而大王之辈，性本急功近利，刀刃上讨生活，做的是一锤子买卖，要的是立竿见影的好处，怎么会耐烦来经营这档子生意呢？

朋友称赞"三巴大王"是中国古代海洋养殖第一人，说这个生产性、建设性项目显示了其非凡的雄心和抱负。我不以为然。如果只是为了经济利益，就近经营岂不更安全便利？"三巴大王"把玳瑁栏建在连珠寨与崖州城之间，意欲何为？我疑心其中大有玄机。红岭这地方所处，正是东西交通线的咽喉。不论是陆上官道，还是海上航线，此为必经之地。玳瑁栏的军事意义要大于经济价值。我以为这是"三巴大王"以养殖玳瑁为掩护的一个秘密营寨，是连珠寨的前哨之寨。玳瑁栏随时严密监视着州城官军的动静。一旦战船从海上过来或兵马从官道上过来，鹿回头岭上主寨马上就能得到预警信号，及时准备迎战。鹿回头岭、南边岭、郎凤岭，三寨相连，是为"连珠"。玳瑁栏实为"连珠"之一寨。而分别把守"连珠"三寨的三位大王——陈明甫、陈公发和那位隐姓埋名的玳瑁栏

"老板"，是为"三巴大王"。

十分明显，要说天时、地利、人和三要素，三巴大王已占了天时、地利的绝对优势。可是终其一局，不过8年，大王鸿业竟败于一役。真是其兴也勃，其亡也忽焉。到底是因为寡不敌众，还是乌合之众而人和缺失的缘故，我们已不得而知。

陈明甫、陈公发二位大王战败被捕，备受"钩脊悬竿""悬髻窒吭，穴手钉足，烙肤脍肉"的酷刑后被杀害。参战官军将领马成旺，云从龙等加官进爵。5年之后，南宋灭亡。马成旺、云从龙等旋即改换门庭投靠元朝，摇身一变，成了元朝的"宣慰使"。

"三亚"从前

　　"三亚"从前怎么样？不少人愿闻其详。可是，现存文献的有关记载，十分简略且阙如多多。"三亚"最早出现在何时何种文献中？不得而知。因为宋人编撰的《琼管志》《琼管图经》《吉阳军图经》和明人儒钟芳所撰的《崖州志略》等文献皆已亡佚，他们是否曾经记载"三亚"？无从考证。目前所知，最早正面记载"三亚"的现存文献，是明正德十六年（1521年）刊行的《琼台志》，唐胄编纂。

一

　　唐胄在《琼台志》卷十二《乡都》一章中记载，

崖州当时县级以下的行政区划为四厢、二乡、一都、十四里。"三亚里"名列十四里之首。时过近百年后，在明万历四十四年（1616年）刊行的《琼州府志》中，"三亚里"忽然变异为一个"所三亚里"，注曰"属河泊所""采鱼纳课，多佃食田"。何以如此？疑所记有误。

里，是中国古代地方行政组织，从周朝开始设立，后代多因之，其制不一。唐代以百户为一里，五里为一乡。明代则以一百一十户为一里，一里分为十甲。清代沿袭明制，以一百一十户为一里。有清一代，崖州的里甲设置基本不变。《崖州志》康熙、乾隆、光绪三版本所载，均有崖州东界四里：正三亚里、所三亚里、椰根里、临川里。"正三亚里"，即原本正常编制的三亚里；"所三亚里"则是从原三亚里析出的番村，直属河泊所管辖，乃特别编制。河泊所始设于元代，为掌管渔税的官署。明代广为设置。洪武十七年（1384年），崖州于州城西五里处设河泊所。据说，清代只在广东设置河泊所。

那么，三亚里及其相邻的三里，所在何处？《崖州志》（光绪版郭校本）备注翔实，可资参考：正三亚里下辖三亚村和林家村；三亚村位于州城之东大约百里，林家村在三亚村东北二里。所三亚里只辖三亚村东邻的番村。椰根里下辖羊栏村、新村和妙山村；羊栏村在三亚村西北六里。新村在羊栏村南半里，妙山村在三亚村北四里。临川里下辖月川村、榕根村、港门村；月川村在三亚村东南十里。从《崖州志》卷五《乡都》章中提取的上述信息，你已经看到，三亚村是这个地方的"坐标原点"。

再请看《崖州志》卷十三《关隘》章："三亚口据州上游，为东路扼要之地。有民村三，曰三亚，曰羊栏，曰妙山，相距各五六里，形如品字。三亚讯扎驻于此。""此处地形广阔，水土不恶，屯兵驻营，最据形胜。"清代兵制，"讯"就是把总或外委所统率的绿营兵驻地。明清两代，这里一直是"三亚营""三亚寨""三亚讯"所在地。"三亚"当年作为关隘之口，曾是兵家驻防的军事要地，但主要还是各族人民的聚居地。

二

　　且说三亚村东邻的番村。据《崖州志》，该村居民俗称"番民"。"本占城回教人。宋元间因乱挈家泛舟而来，散居大疍港、酸梅铺海岸。后聚居所三亚里番村"。番人何时在三亚聚居成村？《正德琼台志》有关于该村"礼拜寺"的一则记载："礼拜寺，在州东一百里番村，洪武间建。中只作木庵，刻番书，以一人为佛奴，早晚鸣焚，有识番书称先生者，俱穿白布洁衣，如回回之服。寺中席地念经礼拜，过斋日亦然。"由此可知，番民至少在明朝初年就聚居于此，并且已初具规模。其异域的宗教文化习俗，并不妨碍他们成为大明大清的臣民。明代万历年间番民就被编户入籍，番村也独立建制为"所三亚里"。从事渔业的番民与"疍户"同"采鱼纳课"。清代康熙年间，所三亚里番村划分为十甲，说明番民户口已大幅度增长，所三亚里已是"整编"里。番人漂泊而来，择居于三亚村旁边，不因异族俗殊而避嫌远之，不但是因为彼此友好信任，而且是为了趋求毕潭港的地缘之利。《正德琼台志》载："毕潭港，在州东一百里三亚村南海口，占城贡船泊此。"有"贡船"自占城老家来，番民当然不亦乐乎。名为"贡船"，其实不免也有走私贸易的，番村自是与老乡贸易互利的近水楼台。毕潭港波清湾面阔，犹如碧波荡漾的深潭。"因山为名，依水取名"，毕潭港也许应是碧潭港，疑似记录笔误，"碧"讹为"毕"了。毕潭港与三亚港相距20里，各处东西一端，方位明确无疑，可是因为毕潭港淤废年久湮没无闻，以至于人们把两者混为一谈。谨此厘清。

三

明朝初年，朱元璋曾下令全国各州县设置东南西北四个"预备仓"，以便救荒赈灾。预备仓与以往各朝所设的"常平仓"功能大体相似，都是为了储备粮食，赈济水旱灾害。一般是丰年以略高于市场价的价格收储谷物，歉年则以略低于市场价的价格出粜粮谷。《崖州志》载，明成化八年（1472年），知州徐琦在崖州西界和东界分别建立一个预备仓，西界仓建于乐罗，东界仓建于三亚。

徐知州此举着实是因地制宜。"三亚"不但是崖州东界的地理中心点，也是人口密集的地域。除了汉民回民所居住的正三亚里、所三亚里、椰根里、临川里，以及东至藤桥一带的黎汉杂居的永宁乡，还有广袤的黎山。《崖州志》载，"民人所居，为环海一线而已，其余皆属黎山"，"黎境山深地广，分东西二界，而东黎村峒独多"，且有以"三亚东黎"为最。三亚岭前村峒就有51个，如三亚西边官道旁的烧旗、桶井等，三亚正北的槟榔园等，三亚东边官道旁的荔枝沟、红花、罗蓬、大茅等，三亚官道南边的长园、田独，以及黎汉杂居的安油、榆林、红沙、鹿回头等。三亚岭后深入百余里，还有村峒53个，如半岭、汤他等。"山凡数十重，每过一重，少有平坦之地，黎人即编茅居之。或数十家数百家相聚为一村。""屋宇迁徙不常，村落聚散靡定，所耕田在是，即居在是。日久地瘠，去而之他。""膏腴田地尽为黎有。""其地之大于州境，其人十倍之。"黎族人也许是这片土地最早的开拓者。据说他们三四千年前就来到海南岛上。明清以来均有"归化"的黎族村峒"入版图为熟黎"，他们与汉族人同被"编户入籍"，受官府征收赋税，派遣徭役，所以想必他们也能享受"预备仓"的赈济。

四

"三亚村"的历史相当久远了。虽然我们目前不能确定这个古村形成于何时，但有一座桥梁是其历史的见证。这座著名的古桥叫义兴桥，民国初年还存在。1917年崖县政府受命进行本县文化古物调查，在崖县现存古物调查报告中，义兴桥名列其上。《正德琼台志》载："义兴桥，在州东一百里三亚村。元以木建，阔二丈，长三丈。国朝永乐间，土人重修。天顺间，广客周源捐财，架以厚板，上竖栏杆。每年三亚村人修理。水自东北拂栖黎山，南经临川港入海。"由此可知，应该是先有三亚村，然后才有义兴桥。也就是说，在元代，甚至更早的年代就有三亚村了。

在中国古代农耕社会，农民主要以土地为生存的依托，他们守望田园，顺天应命，聚族而居，安土重迁。三亚村的先民为何迁徙而来，择居于此？毫无疑问，当然是为了田园，为了土地。你仔细查看地图就会发现，在三亚、羊栏、妙山三个村子所构成的倒"品"字形中间，有一个"妙林洋"。20世纪80年代初，崖县农业资源和区划报告称，妙林洋是崖县最大的田洋，面积13000多亩，土地平坦连片，土层深厚，结构良好，属于洪积水稻土，有机质含量高，在2%以上，磷钾协调，实属极品良田。700年前，三亚诸村的先民就是投奔这块田洋而来的。当年这片田地也许只有几十亩几百亩，经历数百年的开垦拓展，才有今天的规模。不知多少次易主之后，其产权多为妙山村和林家村人所有，也才有了"妙林洋"之名，因为"名随主人"。

五

你可能要问：那么，这地方最初叫什么名字？有关资料表明，就叫"三亚"。"三亚"是什么意思？什么人取的这个名？地名学研究告诉我们，一个地方的命名者，一般都是生于斯息于斯的当地人民。最早造访"三亚"这方土地的，无疑是黎族先民。初来乍到，他们自然就便安身在这滨海之地，后来退居山区应该是世态情势所致。在那蜿蜒流过的河畔溪旁，黎族人开垦出一畦一畦的田园，他们把这叫作"水边田""河边田"。田园时有鹭鸟、乌鸦之类不速之客光临觅食，他们便又叫它"乌鸦田"。据黎族朋友说，不论"水边田""河边田"还是"乌鸦田"，本地黎语的发音大致都是"da a"，音译成海南话，就是"三亚"。黎语属汉藏语系壮侗语族黎语支，分为五种方言。三亚黎族为侾黎方言。本地黎族朋友告诉我，他们把田地叫作da或na，音译成海南话，可以写作汉字"三、那、扎、什"。我不谙黎语，但我相信其言之有理。民族聚居地，常常是由当地居民用他们的民族语言命名。倒如乌鲁木齐，即源于蒙古语，意思是"优美的牧场"；克拉玛依，源于维吾尔语，意思是"黑色的油"；齐齐哈尔和哈尔滨的"哈尔"，则是源于满族语，"江"的意思。诸如此类音译地名，汉字只记音而不表意。语音是语言的物质外壳，文字只是记录语言的符号。根据音义相依、义傅于音的原则，因声求义才可得正解。有人从汉语字面意曲解"三亚"，穿凿附会，自是谬矣。

1949年第三期《旅行杂志》上有篇题为《漫谈榆林》的游记，写道："三亚港原名三桠港，因有小河一条流出，将及海即分成两路流入一个小港湾内，故此小港湾名三桠。"这显然是游客信口开河的无稽之谈，读者理应去伪存真。可是近年居然还有人盲从为据，以讹传讹，实可悲也。

"三亚"，是黎族先民对他们在此河畔开垦的田园这一具有特定方位、特定地域范围的自然和人文地理实体赋予的专有名称。"三亚"之名自然是其主人指称，族人呼应，然后口耳相传、众人认同而形成的。始而琼语音译，有音无字，继而汉语转译，汉字书写，终于约定俗成。由于二度翻译且世事沧桑，后人对"三亚"原本的含义已不甚了了。唯其如此，"三亚"这个有点莫名其妙的原生地名就极具普适性，因而多被用为构成该地区一系列派生地名的"专名"。地名专名加地名通名是地名构词的一般模式。地名专名是表示同类地理实体中某一个体的词，地名通名是表示地名所指地理实体类型的词。例如三亚村的"村"，是居民聚居点的一种通名，三亚里的"里"，是古代基层政区的一种通名。三亚水的"水"（河），则是自然地理实体的一种通名。三亚水（河）因为流经三亚村而得名，三亚港则因"受三亚水入海"而得名。"三亚"这个专名，在与之构成的诸多派生地名中，显示了一定的指向性，如"三亚市""三亚街""三亚港市"等。

六

"三亚市"始见于明代万历年间的《琼州府志》，也许早已有之，只是《正德琼台志》"非大集者不录"而已。

"市"又叫市肆，本是古代城市中官府划定的商业区。商贾须在这指定的市场交易。市场上分行设铺，总称市肆。三亚村之"市"，没有那么"高大上"，并非汉唐都城那种四周高墙、门禁森严、有市楼市亭的官市。"三亚市"是岭南地区所谓的墟市。当初或许就如《易经》所述："日中为市，致天下之民，聚天下之货，交易而退，各得其所。"也就是自发的以物易物的原始交易市场。"三亚市"的形成发展，得益于天时、地利、人和。明清时期正值乡村集市发展繁荣之际，"三亚市"即应其天时之势；三亚村地处崖州东界交通枢纽，时有东来西往的旅客，自得其地利之便；聚居于此间的各族人民能相安无事，又得其人和之气。"三亚市"从日集暮散的小贩地摊，自然而然地发展到搭棚盖屋的连家店铺，清朝顺治年间终于"升格"成了"三亚街"。彼时的三亚街，且不说各行商铺、铁木作坊，想必酒家饭店旅舍茶馆等，也是一应俱全了。三亚村俨然一商贸小镇。

据中国科学院民族研究所广东省少数民族社会历史调查组的调查报告，20世纪20年代中期，"三亚街有'瓦铺'连'茅铺'共百余间。'瓦铺'多数是外地人开设的，有不少是广东的东莞人和阳江人，资本较大，主要经营布匹、百货、棉纱、火油等，并收购民族地区出产的土特产，如山甲皮、黄麂皮、鹿筋、鹿角、红白藤等；'茅铺'多为本土汉族经营，资本较少，大多数兼营行商，到民族地区进行贸易"。民国时期三亚街的状况大致如此，主要是经营农副土特产及日用百货，服务周边乡村。

在三亚街以东20里处，其时还有一个"三亚港市"与之并存。三亚港市是依附三亚港发展起来的。据20世纪30年代的调查，三亚港"盐田甚广，渔产亦富，港口向西，载重三千吨之船可以入泊，为崖县客货运之出入门户"。1935年刊印的《琼崖实业考察指南》称，三亚港当时有"铺屋约五百余户，人口二千余，经商者多来自各地，而本地人则苦力为多。本港形势颇佳，适于避风。秋冬渔产甚富，并为产盐丰饶之区，故北海、阳江、安铺、文昌、乐会各地之渔船，皆以此为根据地。各地运盐之船只亦恒以时来集"。"三亚港市位于三亚港北岸，为崖县最繁盛之市场。该市铺户共四百余户，附近盐场七十余所，贩运盐商十三家，出产鱼盐外，则为木料、椰子、腾皮、益智、槟玉、谷米等。"

三亚港市依托港口码头，自然以经营渔业盐业产品为主，并借助航运之便开展岛外进出口贸易。1933年出版的《海南岛志》中说，该地区"往昔商业在三亚街，距本市（三亚港市）十余里，今则渐移于本市"。从老照片可以看到，三亚港市的街道上那时已有南洋风格的骑楼，即德国学者史图博在《海南岛民族志》中所述的"欧洲风格的新式建筑"。商业街上两行骑楼矗立排列，很是可观。

1939年2月14日侵华日军从三亚港登陆，侵占琼南。随即日军占据榆林港和三亚港作为军港，将周边划为军事禁区，强行迁走当地居民。三亚港市遭到灭顶之灾。1940年，日军在三亚湾修建海上和陆上机场，为此强暴拆除三亚街的店铺房屋，把400余户居民迁往羊栏、妙山、林家各村。600余年历史的三亚古村，被侵略者毁于一旦。

七

1950年4月30日，三亚解放。

1951年2月，中共崖县县委、崖县人民政府设立榆亚镇，下辖3个办事处。

1954年10月，中共崖县县委、崖县人民政府及县直属一级机关，从崖城迁到三亚。

1955年1月，设立三亚镇，定为区级。崖县区划为5区1镇。全县总户数41485户，总人口179343人。其中三亚镇4867户，23767人。

1984年5月，经国务院批准，撤销崖县，设立三亚市（县级）。

1985年6月，撤销三亚镇，以其行政区域分设河东、河西两个办事处。

1987年9月，国务院批准三亚市升格为地级市。

三亚已今非昔比。今日之三亚市已非昔日之三亚。如今三亚的辉煌人尽皆知，但你可曾知道，从前的"三亚"，只是一片田地、一个村子。

"海判南天"与康熙《皇舆全览图》

"海判南天"摩崖石刻,是天涯海角景区历史最悠久的人文遗址。《崖州志》载,"海判南天"石刻,在下马岭海滨巨石上,字大三尺许。康熙五十三年十一月,钦差苗曹汤巡边至此,镌。记述十分简略,仅此寥寥数语,诸多历史信息欠缺。对于这一遗迹的性质应该如何认识?其石刻文字的含义应该如何理解?长期以来,人们莫衷一是。

钦差巡边至此,辟石摩崖,镌下赫赫榜书"海判南天",虽然不可视同为"齐天大圣到此一游"的轻薄涂鸦,但莫非也是附庸风雅的从俗之举吗?大谬不然。2013年3月23日,中国科学院国家天文台在天涯海角景区举行"海判南天"与康熙时代的天文大地测量学术研讨会开幕式，暨中国古代天文大地测量崖州遗迹"海判南天"石刻标志揭幕仪式。这表明学术界经多年考证，终于得出了结论，确认"海判南天"石刻是康熙年间全国天文大地测量在崖州测量点所留下的标志。"海判南天"的性质已无可置疑。

那么康熙年间的天文大地测量究竟是怎么回事？18世纪的中国为何要实施如此浩大的工程，乃至遍及南服尽境的天涯穷荒之地？深入了解这些历史问题，将有助于我们求得"海判南天"的正解。

康熙二十八年（1689年），中俄两国进行有关边境问题的谈判，签订了《中俄尼布楚条约》。索额图使团回京复命时，担任谈判翻译的法国耶稣会士张诚，向康熙皇帝进呈一幅西方绘制的地图，图上中国东北地区部分呈现空白。张诚向康熙解释，因为该地区地理资料缺乏，无法绘制。康熙深受触动。据说，尔后清政府启动全国天文大地测量，以绘制《皇舆全览图》，即缘起于此。其实不尽然。策划如此宏大的世纪工程，难道是康熙的偶然冲动，一时的心血来潮吗？

　　舆图作为一个国家领土主权的象征和凭证，古今中外统治者无不极为重视。"国家有疆宇，谓之版图。版言乎其有民，图言乎其有地。"何国宗此言精辟地说明了地图与国家疆域的关系。在中国古代，地图的行政功能即地图的政治属性居于首位。因为可靠的地理信息对维持国家统治至关重要。绘制地图是国家统治者不会忽视的政治军事要务。早在康熙没有见到耶稣会士的西方地图之前，清朝政府已经着手绘制自己的地图。康熙执政之初。征战未已，直到平定"三藩之乱"并收复台湾之后，天下甫定，康熙二十二年（1683年），清廷即下令各省官员绘制本省地图送呈兵部备览。康熙二十四年（1685年），清朝继承元朝以来的传统，"大集万方图志而一之"，以表"疆理无外之大"，开始修《大清一统志》。《大清一统志》所载舆图乃沿用始自西晋的中国传统"计里画方"绘图法绘制，所绘山川城邑还颇为翔实，但方位比例测量多有失准确。中俄在尼布楚谈判时，中方代表就曾带去一张这样的地图，"以资考证"。十分遗憾，其图诸多信息缺失，无济于事。

见识来自西方的新式地图后，康熙知道了中国绘制舆图传统方法的弊端："自古以来绘舆图者俱不依照天上之度数以推算地理之远近，故误差颇多。"康熙与传教士多年的接触交流，加深了他对西方新的测绘知识的了解。他认可了西方先进的地图测绘方法。可想而知，作为帝国的最高统治者，康熙须对大清版图有一个准确全面的认识，他当然要求把清廷所实施政治军事有效管辖的范围在舆图中准确绘制出来。他要明确清王朝的疆域范围，将整个大清帝国置于自己的视野范围之内。筹谋多年之后，康熙做出决断，任用法国耶稣会士白晋等人，采取经纬度测绘法，绘制全国舆图。

康熙四十七年（1708年），清政府发布上谕："谕传教士分赴内蒙各部、中国各省，遍览山水城廓，用西学量法，绘画地图。并谕部臣选派干员，随往照料……并咨各省督府将军，札行各地方官，供应一切需要。"从康熙四十七年（1708年）至康熙五十六年（1717年），各测绘队走遍中国各地，以天文观测与星象三角测量法测定经纬度。全国实测经纬度的地点共计600余个，海南三亚的"海判南天"便是其中一个。

历时10年的天文大地实测之后，采用梯形投影法，终于绘制出了中国历史上第一幅具有经纬网的全国地图——康熙《皇舆全览图》。

明白了"海判南天"石刻遗迹的这一历史背景，我们就找到了正确解读石刻文字"海判南天"含义的具体语境。

既然版图测绘是事关国家领土主权的政治工程，主持该工程的朝廷钦差在工程标志上所刻的文字，当然必须与国家领土主权的主题有关。从这个方向出发，我们对"海判南天"的理解，才能避免误入歧途。

首先来看关键词的释义。查《辞源》和《古汉语大字典》等辞书得知，"判"的本义第一项是"分开"，作为动词。那么"海判南天"的字面语义就可以说是"大海分开南天"。而"天"者，天下也，江山也，国土也。普天之下，莫非王土。所谓"南天"，这里指的显然便是帝国的南海疆土。其实"海判南天"就如同李德裕说的"琼与中原隔"，海瑞说的"琼州一府，颙颙独居海中"，张擢士说的"琼郡孤悬海外"，不仅旨在说明大海把海南岛与中原分开的地理形势，而且郑重声明：琼岛虽然被"海判"，但依然是帝国的"南天"。

虽然存在一些难免的缺憾，但《皇舆全览图》的历史价值无疑是弥足珍贵的。英国科学家李约瑟曾高度评价这幅中国第一次经实地勘测绘制的全国地图："不但是亚洲当时所有的地图中最好的地图，而且比当时所有欧洲地图都更好、更精确。"

2014年6月，习近平总书记在中国科学院第七次院士大会、中国工程院第十二次院士大会上的讲话中说："1708年，清朝政府组织传教士绘制中国地图，后用10年时间绘制了科学水平空前的《皇舆全览图》，走在了世界前列。"

琼南要塞榆林港

榆林要塞名闻天下，但居然还有人质疑其"名不副实"。

那年我从部队退役回来，黄馆长就把我"借用"到崖县文化馆，临时工。一天我和黄馆长到榆林大院老魏家去。老魏是榆林部队的军转干部，新任崖县文化局长。说完正事，闲聊。黄馆长问老魏："你们这地方没有什么榆树，怎么就叫'榆林'？"老魏似乎恍然大悟："是名不副实啊！"黄馆长说："应该叫'椰林'才对，肯定是写错了。"魏局长要黄馆长写一篇文章，考证一下。黄怀兴先生后来任三亚市博物馆馆长，出版专著《三亚史迹叙考》。如今时过42年，黄怀兴先生已经驾鹤西去。先生没有留下考证榆林地名的文字。

这事难道就此不了了之？我心有不甘。

琼南吾乡，是不是曾经有过榆树成林？是不是古时有之，而今灭绝？《崖州志》载"州属材木"数十种，查无榆树。宋人著作《诸蕃志》《岭外代答》，所载海南诸多树木，亦无榆树。反之，清朝广东水师提督李准的《巡海日记》，则记述了他在光绪三十三年（1907年）四月，率水师巡航南海诸岛，途经榆林港时所见到的原生椰树漫坡遍野的情景："上岸后，沿平原而入山凹，一路遍地皆椰子树，结果累累，大可逾抱，高约百数十尺，其直如棕，叶大似蕉，但分裂而不相连属。其时天气正热，行人苦渴，以枪向椰树击之，其实纷纷下坠，人拾一枚，其有为弹穿者，汁流出，即以口承之，味皆甘而滑，解渴圣品也。"土著黎人"所住室，以椰子树为之，高不及丈，宽约一二丈，横梁门柱，皆为椰树也"。"上盖及壁，都以椰叶编作人字形之厚箔为之，有门无窗，室内之地，床铺以椰席，厚可数寸……"（转引自《三亚文史》徐日霖文稿）

以上文献记载，是否足以说明这个地方的原初地名，很可能是"椰林"，而不是"榆林"？你也许要问，那么是何时何人把"椰林"误记为"榆林"？查现存历史文献，最早记载"榆林"之名的，是明朝正德年间唐胄编纂的《琼台志》："下水，在州东一百五十里，出回风岭和尚沟，流通田尾港，经榆林村入海。"显而易见，那时还没有榆林港。在《琼台志》里出现的"榆林"，只是一个村子之名，无足轻重，因此被误记不足为奇。当然也有可能是此前有人误记，以致唐胄以讹传讹，这也未可知。

大文豪莎士比亚有名言警句："玫瑰即使换了一个名字，她也依旧芬芳。"诚哉斯言！琼南要塞威名远扬，不管其冠名是"椰林"还是"榆林"。我们与其再去深究"椰榆是非"，不如来说说这方热土上一段鲜为人知的历史故事。

榆林自古以来是兵家必争之地。清康熙七年（1668年），时任崖州知州的张擢士在所编纂的《崖州志》中记载："州东南滨海有榆林，牙狼，不头，利桐，玳瑁洲等港澳，俱海寇窥视处，向设兵戍守。"顾祖禹在其专著《读史方舆纪要》中引用了这一记述。《读史方舆纪要》是清代历史地理名著，成书于康熙三十一年（1692年）前。该专著首叙历代州域形势，分述各府、州、县疆域，以及沿革、方位、山川、关隘、城镇、古迹等，着重考订古今郡县山川险要战守利弊，是研究我国军事及历史地理的重要文献。《读史方舆纪要》引用张擢士《崖州志》关于榆林等地的记述，说明该区域的地理形势及军事意义不同寻常。

榆林港为"海寇窥伺"并非虚言，早在明朝就时有寇案记录。陈植的《海南岛新志》中载："洪武十一年，日人乘八帆船登陆本岛，先后凡十余次对榆林港进行海产资源勘查。"光绪版《崖州志》中载："正德十四年，渤泥番入寇，登陆榆林港。"海寇乃国家外患，须攘外以安邦，"向设军戍守"理所当然，只是不知所说之"向"始于何时。有记载的是，自明中叶始，海南卫曾环岛设置驻军营堡。榆林堡就设于明弘治八年（1495年）。其堡位于今之榆林港前方，共置有烽堠二堡。烽堠就是烽火台。每座配备专职兵夫昼夜值守瞭望，发现敌情即放烟火警报，所以又叫"烟墩"。

榆林港西南有座烟墩岭，应是岭上曾设置"烟墩"，因而得名。烟墩岭上有一巨石，石上刻有龟蛇图

和元、明、清三朝诸公题留的文字。其中石之南垣刻
"委署崖州协副将川东徐赞彪带水陆五营驻扎榆林。时
法兰西来测水,是为筹备海防之始"(详见光绪版《崖
州志》)。这一题刻保存了榆林要塞军事防卫的一项重
要历史信息。

清朝兵制:绿营兵按标、协、营、汛编制。凡副
将所属之兵称协,是协守要地的部队,一般配兵员数
十至千余人,由参将、游击、都司、守备分制统领。
区区榆林一港,彼时竟然驻屯"水陆五营"重兵,并
"高配"崖州协"副将"亲自统率,其严阵以待的态势
不言自明。那么,此时所要防备的来犯之敌是何方海
寇?从石刻"时法兰西来测水"所明示,可知就是咸
丰年间勾结英国狼狈为奸,发动第二次鸦片战争而被
法国作家雨果痛斥的"法兰西强盗"。

光绪十五年(1889年),两广总督张之洞收到琼
州镇总兵李先义和崖州知州唐镜源等报告:"本年七月
初三,有法国兵轮驶进崖东百里之榆林港,沿港量水,
由港西上岸钉桩四处,港口有石桩均用石灰涂,东西
两岸分插红白四小旗;十七日复来插标十五处,有海

关巡船遇见。"总督闻报即请清廷总理衙门向法国公使严正交涉,并令琼州总兵把法军所插标旗清除干净。

诚如张之洞所言,"法人窥伺琼州,已非一日"。光绪十年(1884年)九月,中法战争期间,就曾有18艘法国军舰在榆林港停泊操演。而此前已有报告称"法船屡往窥探量水",海南岛位于东西方海上交通要冲,尤其是琼南榆林港乃"东亚咽喉",战略地位十分重要。帝国主义列强无不垂涎觊觎,并非只是一个法兰西。暂且不说宿敌日本。1905年日俄战争期间,沙皇俄国波罗的海舰队就曾"寄泊本岛榆林港"。

侵略者的狼子野心昭然若揭。防卫备战刻不容缓。法人"插标量水"事件后,张之洞即命琼州总兵领精通测绘的人员赴榆林港勘察测量,而后上奏朝廷,报告"查勘榆林港形势"及"筹议驻营筑台"计划。张总督奏章阐明该港重要的战略地位:"榆林港两山环抱,水口紧而且深,形如葫芦,口门内水深港阔。""又有炮台以为犄角,实为海军必争之地。"并提出具体的防卫工程建设方案:"现拟于榆林港口门外东山乐道岭、西山独田岭分筑炮台各三座。"然而，张之洞于当年八月即调任湖广总督，该方案未能完全付诸实施。

当年榆林蒙受西方列强的欺侮，不仅是敌舰随时侵犯，还有更甚者。光绪二十二年（1896年）琼州海关开始在榆林设立分卡。琼南人民从此将要遭受更多的荼毒。自从鸦片战争之后，中国逐渐丧失关税自主权和海关行政管理权。光绪二年（1876年）在海口设立的琼州海关，就是半殖民地性质的海关，即所谓"琼海洋关"。首任琼州海关税务司长是英国人博朗。从英帝国主义控制的琼州海关及其榆林分卡输入倾销的各种货物中，据统计，鸦片（所谓"洋药"）占比达50%以上。其流毒祸害，从晚清延续到民国。

清朝灭亡，民国肇兴。孙中山在其宏伟的建设规划中，排上了榆林港。他注意到"琼南有一榆林港，极合军港之用，此港为欧亚航路所经，如立为军港以守之，则不仅可以固保中国门户，且可畈控制南洋一带"。然而孙先生此番擘画之后不到20年——1939年2月14日，日军在三亚湾上的军舰一阵炮击，驻守榆林的国军警备队便溃败作鸟兽散。日军一举攻占榆林。日军占据榆亚之后，煞费苦心企图将其打造成太平洋战争的"南进"基地。可是侵略者最终没有逃脱覆灭的下场。

"人间正道是沧桑。"1950年4月30日下午4时，中国人民解放军第四野战军第十五兵团四十军一一九师和四十三军一二八师及琼崖纵队第三、第五总队，乘胜追击，一举围歼溃逃到榆林、三亚的国民党军残部。榆林、三亚解放。

1955年7月，中国人民解放军榆林守备区成立。1957年2月国务院发布通知：榆林港列为国防军事禁区。1964年8月榆林守备区升格为榆林要塞区。

20世纪50年代，榆林的知名度比三亚大得多。海口到三亚的公路，叫海榆东线、海榆西线、海榆中线。1958年创刊发行的中共崖县县委机关报，名为《榆林日报》。1958年，广东省拟将崖县、陵水、保亭三县合并，成立榆林县。考虑到陕西省已有榆林县，国务院最终批复：仍称崖县。

风云激荡70余年，锻铸砥砺70余年，榆林当然已今非昔比。今日榆林，椰风海韵，风光旖旎，依然迷人。而让祖国放心、保人民安宁的，则是隐形于其中的威武和神秘。

三亚的盐

　　千余年前，吾三亚"有盐，近海百姓煮海水为盐，远近取给"。此事竟然被《旧唐书·地理志》郑重其事地记上一笔。由此可见，从前盐事，非同小可。

　　《说文解字》解释：天然形成的叫"卤"，人加工制成的叫"盐"。篆书的"盐"字，由"臣""人""卤""皿"组成，是个会意字，表示工人把卤水放在器皿里煮成盐。那么，居于左端的"臣"又何所为？许慎曰"事君也"。就是说，盐事和"事君"有关，是国家大事。自从汉武帝立盐法，实行官盐专卖，禁止私产私营，这就成了历朝历代的基本国策。盐税在古代是国家财政收入的半壁江山。诚如《资治通鉴》所言："天下之赋，盐利居半。宫闱、服饰、军饷、百官俸禄，皆仰给焉。"古者兴邦，莫不谋盐。春秋齐国，因盐致富；明清扬州，因盐繁荣，盐商富可敌国。经营盐业，利莫大焉。然而，吾三亚产盐，肇始于唐，却越千年而一直不振。

《崖州志·经政志·盐法》引《宋史·食货志》记载："崖州盐，各鬻以给本州，无定额。又崖州地阻，卖盐不售……琼崖等州复请赋盐于民，斤重视其户等，而民益困。"原来吾三亚的盐，只能在本州销售，供应本地居民。彼时一州在籍的民户，只有二百五六十，算上编户之外的黎族山民，人口也不过几千，消费极其有限。宋朝盐法，在海南实行"官办官卖"。而州境荒僻，交通阻断，运输困难，官盐卖不出去，又有州东州西濒海鄙地村民，或许会偷偷私自煮盐自给。所以官盐销量不大，以致财政捉襟见肘。于是，为增加赋税收入，官家推出"赋盐于民，斤重视其户等"的强制派购政策，即在海南实行丁买盐法：官府按照民户等级分配一定数量的食盐，强卖于民。规定一至三等的民户，每丁必须买官盐一斤，四至五等的民户，每丁每月须买盐半斤。食盐无疑是人类生活不可或缺的"刚需",但生理所需量弹性极小,官派定额远远超出人之所需。况且官盐价格,"斗米斤盐",奇贵无比。少时曾听母亲说"盐贵米贱",果然古时有之。如此苛政,"而民益困",岂可能免得了。

明洪武二十五年(1392年),崖州始设盐政衙门——临川场盐课司,主管所在盐政,按定额盐丁收缴盐税。临川场属于琼州府六大盐场之一,而规模较小,额定盐正丁只有167人,成品盐年产量仅214引(包),共计不到2万斤。缴纳税后,所剩无几,均在当地销售。

清朝初期,盐法实施形式多样,有官督商销、官运官销,还有官运商销等。崖州不循众例,别具一格。《崖州志》引《琼州府志》按语称:"州属盐系灶丁自煮自卖,并无发帑收盐配引转运等事。"就是说盐丁自产自销,官府只按额定灶丁征收课银,并没有像岛外州府一样,从国库中拨付资金(发帑),统一收购盐丁所产的盐(收盐),储于盐栈,然后由盐商向官府缴纳盐课银,以领取运销凭证"盐引"(引配),再凭盐引购买官盐运销出去(转运)等一系列事情。据不完全统计，清初临川场原额灶丁210人，按丁收缴丁课银，加上康熙二十年（1681年）规定按盐产量加增的课银，总共不倒100两。有文献记载，清初全国盐税收入约为200万两，清中叶为550万两，清末为1300万两。可知崖州那微乎其微的丁课银，真是微不足道。但是到了光绪十三年至三十四年（1887—1908年），临川场因为开发"晒生盐田"和"水田"，就收得税银1283两。

吾三亚近代盐业，正是滥觞于清末开辟的那些日晒海水盐田。

文献记载，光绪三年（1877年），三亚港附近开始辟有日晒盐田。光绪三十四年（1908年），广东电白人李隆春在三亚港附近开辟日晒盐田。同年，福建华侨胡子春在三亚开辟大面积日晒盐田，直引海水晒盐。胡凭借其侨丰轮船公司，获得"禀准采运，配省行销"的经营特许。三亚盐业大规模开发外销，自此开始。次年，三亚人林瑞川创办"瑞和东厂"和"瑞和西厂"，几年开发日晒盐田达300多亩。如此大规模的日晒盐田建设，大大提高了三亚盐业的生产能力。

日晒盐田的蒸发制盐法，改锅釜蒸煮为利用自然日晒，是盐业生产的一大进步。据说日晒盐田制盐工艺并不简单，但通俗地说，就是四道工序：纳潮、制卤、结晶、采盐。纳潮就是把含盐量高的海水积存到盐田里，制卤就是利用日晒蒸发使海水浓度提高，以至于饱和成卤水，结晶就是把水引入结晶池中继续蒸发，让盐分沉积于池底形成结晶，然后就可以采集盐品了。三亚海域海水纯净，含盐量高，日晒强烈持久，滩涂宽阔平坦，非常适宜开辟日晒盐田。得天独厚的自然环境，吸引了众多商家前来投资。陈铭枢纂于1930年的《海南岛志》，载有三亚盐田当年经营情况列表，分别记载有丰兴隆、永兴、恒丰等共计68户盐田经营商的有关信息，详细罗列了各商家的盐田所在地、盐田面积、全年产量等。其中有52户的盐田集中在临川（临春），16户在榆林港。68户商家经营的盐田面积总计1882.05亩，全年盐品产量共计32320000斤。三亚显然已经成为海南盐业的生产中心。

三亚盐业的蓬勃发展，另一个因素无疑是十分重要的，那就是20世纪20年代轮船海运业的兴起。民国初年，三亚近海运输一般物资多用帆船。据当时调查报告记载，三亚盐业昌盛之后，侨丰、源兴等海运公司见利而动，马上加盟，动用轮船运输盐品。此外，从三亚港运盐到广州的轮船，也有临时向香港海运公司租用的。一时间岛内外都有轮船公司前来三亚运盐。有的公司因"载盐利厚，改为专走三亚运盐"。侨丰公司一面开发盐田，一面兼收运盐之利，航运和盐业相辅相成，相得益彰。当年三亚向岛外运输的物资主要是盐。有的从三亚港直接向广东贩运，也有的经过广东，进而向湖南贩运。三亚所产盐品，"多数运往省城，间有市价关系运往新加坡者"。琼州海关统计表显示，三亚外运的盐品价值，1933年是1338267元，1934年增加到1629400元。这是三亚盐业曾经的繁荣。然而好景不长，日寇入侵，国土沦丧，人民遭殃，百业凋敝，三亚盐业同遭浩劫。

　　一唱雄鸡天下白。1950年5月1日，海南解放后，海南军管会旋即派员前来主持接管三亚盐场，成立三亚盐务局。盐业是当时崖县的经济命脉。军管干部密切依靠盐工，组织群众迅速恢复生产。当年中央政府征收海南盐税减半。次年又发放政府贷款扶助三亚盐田修复工程。1953年，国营榆亚盐场成立。盐场总共有盐田7728.3亩。翻身解放的盐场工人积极参与盐田修复工程建设和工艺技术革新，不断扩大生产规模，提高生产能力。1958年，盐场年产量达到3.5万吨；1952年至1984年，平均年产量3.06万吨。三亚盐质量上乘，富含硒、锶、锌、钙、碘等多种人体必需微量元素。盐品味道清纯鲜美，口感好，深受粤港等地消费者青睐。国家对食盐实行统购统销，在20世纪六七十年代，榆亚盐场所缴纳的利税占崖县财税收入的六成以上。

曾经的辉煌总是让人难以忘怀。有位朋友是榆亚盐场子弟，一次喝了点小酒后，动了情："你知道榆亚盐场为国家做了多大贡献吗……"我理解他的心情，他爸他叔是20世纪六七十年代榆亚盐场的干部。他曾跟我聊过，当年盐场人的工作很辛苦，但福利很好。他说他们盐场子弟小时候很有优越感，我相信。

始于80年代末的三亚市大开发大建设势如破竹。根据城市总体规划,市政府先后征用了榆亚盐场在市区的盐田9000多亩。往昔的工区盐田建起了时代海岸、鹿回头广场、白鹭公园、美丽之冠等,还有安置盐场职工的丰兴隆小区,以及榆亚新村、丰兴隆市场。榆亚盐场只保留驷轩分场盐田1700亩。盐场改制转型,三亚盐业风光不再。

其实,诸如此类的时代变迁,不唯三亚一城而已。城市化发展大势所趋,城市建设寸土寸金。许多滨海城市的盐业用地转化为城建用地,这已不是新闻。土地资源是城市发展的基础要素。利用土地资源的方式,决定城市经济增长方向。土地资源的配置直接影响城市产业结构的类型。城市主导产业的发展当然以其优势资源为基础。时移势易,古代奇货可居的食盐,早就是廉价的寻常之物。从前凭借税基广大而聚沙成塔的盐税,在税源众多而雄厚的今日,已无足轻重。国家已取消盐税而将其并入资源税,又降低其增值税率至13%。据说,我国每年的食盐消费量不过700

万吨，而盐产量超过4000万吨。全国消费的食盐，已经逐渐以优质的井矿盐为主，海盐为辅。我国井矿盐储量非常丰富，一个盐矿的储量就几亿吨，甚至几十亿吨，你还担心没有盐吃吗？

三亚湾上玳瑁洲

　　早年间崖城人都知道，三亚有个大妹洲。知道烧石灰盖瓦房的石灰石，是从大妹洲运过来的。后来从"西岛女民兵"的故事，又知道大妹洲就是西岛。西岛为什么叫大妹洲呢？有人"脑洞大开"，说还不是因为"女民兵"。其实西岛原本就叫玳瑁洲。

　　《正德琼台志》载："大小玳瑁洲。大洲在州东南临川场海中，小洲在州西南黎伏乡海中，皆以形名。俗又传玳瑁尝在此育卵。"万历版《琼州府志》和康熙版《崖州志》、乾隆版《崖州志》都因袭《正德琼台志》。光绪版《崖州志》没有盲从前人，自成一说："东大小玳瑁洲，大洲在临川场海中，离三亚二十余里，周围三十里。""东十里有小洲，周围十三里，与大洲对峙。""西大小玳瑁洲,在龙栖湾海中。"明确区分了三亚湾和龙栖湾一东一西两双玳瑁洲,并详细说明了三亚湾上的大洲和小洲即西岛和东岛。关于玳瑁洲因何得名的问题,《正德琼台志》所谓"皆以形名",显然是无稽之谈。三亚湾和龙栖湾的玳瑁洲,两双四个,形状各异,称皆形似玳瑁,乃道听途说、想当然耳。光绪版《崖州志》以为,玳瑁"州境多生,故洲名玳瑁"。所言极是,有据可考。

早在东汉,杨孚所撰《异物志》就记载:"玳瑁,如龟,生南海。"玳瑁属海龟科,状类海龟。因其上颚前端勾曲,呈鹰嘴状,被叫作鹰嘴海龟,其实并非海龟。玳瑁背上有十三片鳞甲,黑白斑纹,相错而成,因此民间俗称"十三鳞"。玳瑁生活习性不同寻常,喜欢在暖水性海湾与浅水礁湖和珊瑚礁区觅食,喜欢在珊瑚礁的洞穴里栖息。所以三亚湾上的西岛东岛海域,数百年前想必就是玳瑁得天独厚的宜居家园。

三亚湾属热带海洋性季风气候。西岛的珊瑚礁区历史悠久。地质钻探资料表明,西岛几乎就是一个珊瑚岛。远古以来,一代代珊瑚在这里向死而生,活着的珊瑚和死去的珊瑚交织、重叠，共同粘合成壮观的珊瑚礁。西岛珊瑚礁环岛丛生，品类不一，千姿百态，有扇子珊瑚、鹿角珊瑚、葵花珊瑚、不一而足。科考查明，该海域有100多种造礁珊瑚，还有在成礁建造中具有积极意义的非造礁珊瑚，如苍珊瑚、笙珊瑚和软珊瑚、柳珊瑚等。更有与珊瑚礁生态系统共栖共荣、密切相依的其他丰富多样的海洋生物。可以想见，数百年前这里曾经是怎样一个生机无限的海底"热带雨林"。如此一方宝地，玳瑁当然既来之，则必流连忘返而安居之。

宋人诗云："珊瑚树生玳瑁海。"古人好像也知道了玳瑁必择珊瑚礁而栖居。玳瑁是杂食动物，但是有一种食物是玳瑁必需的，那就是海绵。根据科研报告，海绵占玳瑁膳食总量的70%以上。而海绵多生长在珊瑚礁上。玳瑁的其他食物，贝类、虾蟹、海葵、水母、海藻、鱼类等，也多是生长在珊瑚礁区。珊瑚礁是玳瑁安身立命之所。不可想象，如果没有珊瑚礁，没有海绵，玳瑁将何以为生？西岛玳瑁三生有幸。其东临鹿回头半岛和小东海，那里也有一片珊瑚礁区。一旦西岛食物供不应求，玳瑁即可游过去觅食，保无饥馑之虞。

有朋友说，鹿回头小东海从前也有玳瑁吧？当然。在人类尚未涉足这片土地时，那一带应该也是玳瑁的安居之地。也许在宋元时候，此间沿海的玳瑁就开始陆续迁徙到西岛东岛去了，因为彼时它们可能已经遭到捕猎惊扰。避害趋利也是玳瑁的本能，其时的西岛东岛对于玳瑁之利是不言而喻的。西岛东岛皆是"孤悬海外，四无毗连"。在借助舟楫还并非易事的古代，大海便是天堑，将岛屿隔绝于人世。海岛于是成了玳瑁生息繁衍的一方乐土。西岛北面是一大片沙滩，这就是玳瑁生殖最理想的"产院"，既方便又安全。每年夏季是玳瑁的生殖期，玳瑁"产妇"自会爬上海岸，先在沙滩上挖掘洞穴，然后把卵产到洞穴里，最后将卵埋藏好。凭借夏天太阳的温度，大约两个月后，玳瑁宝宝就可以孵化出世。随后珊瑚丛中就会有一群一群玳瑁"挈妇将雏"地游戏了。

光绪版《崖州志》言之有理。安居足食使此间生息繁衍的玳瑁越来越多，实至而名成。大概在元末明初，往昔的无名岛自然而然成了玳瑁洲。

玳瑁乃古人心目中的奇珍异宝："瑶碧玉珠，翡翠玳瑁。文彩明朗，润泽若濡。"《逸周书》记载，早在商朝就曾令南方诸国进献珠玑玳瑁等贡品。《史记·货殖列传》记载，儋耳沿海有珠玑玳瑁等奇货。《后汉书》所载南方珍产，玳瑁亦在其中。玳瑁自古备受瞩目。隋唐时崖州珠崖郡是进贡玳瑁的主要地区。而《崖州志》载珠崖郡"土贡"，其中"玳瑁"只有"一具"，显然失实。

玳瑁鳞甲制作的首饰及装饰的器具，是皇家达官的标配日用品，也是富豪显贵的奢侈品。中国古代诗词中，"玳瑁"是富贵奢华的象征。"玄鬓玳瑁簪""珠帘玳瑁钩""雪手轻揉玳瑁筝""美女争窥玳瑁帘""销魂玳瑁床"，比比皆是。还有"玳瑁筵中怀里醉"。别误会，古诗中频频出现的"玳瑁筵"，并不是有玳瑁烹制的珍馐美食。玳瑁肉有毒，食不得。所谓"玳瑁筵"是指以玳瑁装饰坐具的豪华盛宴。

玳瑁受到如此持久的狂热青睐，后果不言自明，势必招来杀身之祸。即便是僻居南服尽境炎荒之地的，也未能幸免。人类的贪欲，将会把玳瑁赶尽杀绝。

最晚在清代乾隆年间，就有不速之客利用舟楫之便光顾玳瑁洲。商贾高价收购，使玳瑁成了牟利丰厚的奇货。可以想见，面临疯狂的捕猎，玳瑁洲的玳瑁危在旦夕。祸不单行，即便有不少逃脱的和幼雏尚未成长而幸存下来，但还能够安宁地生息繁衍吗？

西岛上现存两块清代的墓碑，一块是乾隆年间的，一块是嘉庆年间的，说明那时早有人家安居在岛上。据说西岛最早的居民，是来自崖州城西的港门渔民。后来100多年间，不断有人移居岛上，当然就要不断地筑室建屋，以安家栖身。西岛从前的房屋，墙壁多是用珊瑚石块叠砌。郭沫若1962年视察西岛题诗："小豆夹花树树黄，珊瑚处处砌为墙。"这是西岛传统民居真实的写照。岛民造屋就地取材，利用珊瑚自然便利。但如此一来，玳瑁赖以为生的珊瑚礁势必遭到破坏。其后果不堪设想。

可以推断，民国初年，玳瑁洲的玳瑁就已濒临灭绝。实之不存，名将焉附？刊行于1933年的《海南岛志》，在述及玳瑁洲时，就干脆弃其"玳瑁"之虚名，直接说："（三亚）港岸有鹿回头岭，其西有二沙洲，一曰东洲，一曰西洲。"1953年后，行政区划则统称东岛、西岛。1990年经过国务院批准，设立海南三亚国家级珊瑚礁自然保护区。东岛、西岛就在保护区中。玳瑁也被列入了国家二级重点保护野生动物名录。然而，玳瑁一去不复返，三亚再无玳瑁洲。

无独有偶。西汉元封元年（公元前110年）在海南岛置珠崖、儋耳二郡。珠崖郡领辖五县，其中有一个玳瑁县。据学者考证，玳瑁县治所在今海口市琼山区府城镇南30公里，即琼山区龙塘镇，辖今琼山区沿海地带，玳瑁县乃因该地当年盛产玳瑁而得名。如今这个汉朝的玳瑁县，也早就湮没在历史的烟尘中。

海棠湾的古崎洲和涵三观

　　海棠湾之名，始见于光绪版《崖州志》。所载仅此20字："海棠湾，在铁炉港东，波静，可泊船。疍人采鱿鱼在此。"之前，明朝正德年间的《琼台志》曾有一则关于此地的记述："淡水湾，在州东二百一十里永宁乡海滨。有一山嘴，其势自西南生出，回东转北，中包海水，平稳无风，可泊舟。山上有淡水，舟人常汲取之。"显而易见，此"淡水湾"并非海棠湾，而是位于海棠湾区域中的一个小港湾。此间大海湾，逶迤40余里，民间俗称"后海"。海棠湾这个华美雅致而颇具诗情画意的名字，想必是光绪庚子年（1900年）纂修《崖州志》的才子给取的。海棠湾名不虚传。这地方海滨山麓，确实曾经海棠成林。那是一种常绿乔木，学名"琼崖海棠"。此海棠虽然并非被文人美誉为"花中神仙"的"西府海棠""垂丝海棠"之属，然而，慕美而取巧风雅又何妨？值得考辨的则是海棠湾上的古崎洲。

"古崎洲，城东一百六十里，永宁乡南境大海中。水程二十里，远视，横黛形如一字，峦壑清幽，石壁奇峭，永宁乡之屏障也。光绪戊戌夏，道人吴华存率徒居此，创设草堂，为谈玄之所。庚子春，知州钟元棣捐廉，倡建庵堂，祀仓颉字祖，及如来佛像，颜曰'海上涵三观'。"以上记述，出自光绪版《崖州志》。

光绪版《崖州志》，乃光绪庚子年五月由时任崖州知州的钟元棣所开局纂修，翌年完稿。光绪戊申年（1908年）加以补订。民国三年（1914年）始铅印成书。显而易见，该书所记载"古崎洲"的信息是即时性的。

查康熙版、乾隆版《崖州志》及《正德琼台志》等光绪戊申年前的现存历史文献，均无关于"古崎洲"的任何记载。显然，上述"古崎洲"的信息是唯一的。

综上所述，可以推断：古崎洲在光绪戊戌年之前，是个荒无人烟的无人岛、无名岛。道人吴华存率徒到此结庐谈玄，就是因为荒岛孤悬海外，远离人境，无尘世喧嚣，极宜道士在幽静中清修，从而"离境坐忘"，返璞归真。知州钟元棣心有戚戚焉，为之捐献薪俸倡建道观，并题匾"海上涵三观"，同时给荒岛取了名。由此，古崎洲从原始自然状态终于开启人文历史。《崖州志》的"古崎洲"条目，就是为了记载知州钟元棣这一义举功德。

说是知州钟元棣为荒岛取名，纯属推论，但一切都在情理之中。如果不是时任知州的钟元棣，在那个时间点上，难道还有别的什么人吗？知州取名，我深信无疑，却别有存疑。我认为钟元棣所取的名不是"古崎洲"，疑似记录者书写错误。为什么？大凡文人所取名字，多富有寓意而雅致。"古崎洲"看似文雅，但是细考无寓意，既非自然状貌特征，也无人文历史缘由，不知"古"从何而来。我推测，钟元棣当年所取的岛名，很有可能是"古岐洲"。仅是一字之异，且是同音形似字，听写极易讹误。例如《崖州志》所记广度寺浮南阁，就把所题典故"不系舟"误作"不是舟"。还有，正德《琼台志》载卢多逊七律《水南村》（为黎伯淳题），其二尾联为"谁知绝岛穷荒地，犹有幽人处士家"。"处士"乃有才德而隐居不仕的人，同光绪版《崖州志·人物志》所记"卢多逊称为幽人逸士"相吻合。"处士"也就是"逸士"，即节行高逸的隐士。光绪版《崖州志》却把此处"处士"讹误为"学士"，与事实不符。诚如郭沫若在《序重印〈崖州志〉》中指出的："原书校刊时，从事者似不甚严谨，错落处不少。"

可是推断"古岐洲"为钟元棣所取岛名，根据何在？中国的读书人都知道，陕西有个岐山，是古炎帝生息之地，西周王朝肇基之地，华夏文明发祥之地。钟元棣饱学博雅，对于华夏文化念兹在兹，无日或忘。祖根岐山在他心中毋庸置疑。于庚子动乱清廷危亡之时，钟元棣深存于衷的故国情思勃然兴发。他倡修弘扬道教的海上涵三观，并用心良苦地营构一个"古岐洲"的岛名，向祖根圣地古岐山致敬，其深切缅怀中华文化的家国情怀不言而喻。

"古岐洲"，如此一个富有历史内涵、文化韵味的岛名，会使人联想起从琼南到陕西的万里江山，联想到中华民族五千年一脉相承的历史文化，会让人铭记于心，永远流传。然而，因为一字之误、一字之易，变成了查无意义无从解读的音节"古崎洲"，所以很快被遗忘。曾几何时，各种莫名其妙的别名便取而代之。

1933年刊行的《海南岛志》，所载海南岛全图标注的是牛淇洲。1982年广东省测绘局制作的崖县地图，则标注为蜈蚑洲。1990年后的三亚政区图和海南省地图都标注为牛奇洲。该旅游景区官宣，却以"蜈支洲岛"名之。这个地名如此混乱，主管部门没有依据历史文献做出法定性的规范。在海南方言中，牛既发音为"古"，也发音为"蜈"，大致是琼北称"古"，琼南叫"蜈"。人们在道听途说、口耳相传时，先是把古崎洲的"古"字音误会为"牛"，译记成汉字"牛"，再有人又把"牛"转读为"蜈"，于是就产生了不伦不类的"牛奇洲"和"蜈蚑洲"。地名是一个地域文化的载体，是一种历史的记忆，不应该轻易丢失，谨此纠正谬误。

且说海上涵三观。钟元棣倡建的海上涵三观，是近代琼南一个记载翔实可考的道教文化场所。20世纪90年代，三亚市文物普查队曾对其遗址进行发掘考察。据报道，该道观建筑格局不甚宽敞，砖木结构，就一个小院。但钟元棣为之所题的匾额"海上涵三观"，很是恢宏玄奥。"函三"，语出《汉书·律历志上》："太极元气，函三为一。"说的是道家思想的一个基本概念。道家认为宇宙的演化始于"太极函三"这个"奇点"。《易·系辞》所谓"《易》有太极，是生两仪，两仪生四象，四象生八卦"云云，可以说是道家对"开天辟地"、太极生万物过程的概述。而道教描述的"创世纪"则简直与此如出一辙：溟涬鸿蒙，混沌玄黄，有盘古真人自号元始天尊，游乎其中，仰吸天气，俯饮地泉，乃与太元圣母通气结精，生天皇西王母，天皇再生地皇，地皇再生人皇，庖羲神农皆后裔。这一描述见于东晋葛洪的《枕中书》。

据说涵三观还供奉如来佛像，《崖州志》所记疑似有误。不是说道观不可供祀佛像。道教是多神崇拜的宗教，与大乘佛教一样并不排斥其他信仰共存。素有"心禅道佛""佛道兼修"之说。道佛两教相互渗透、相互吸收，便有佛道共尊的神灵。道观中供佛像不足为奇，但所供者不是如来佛祖，而是观音菩萨。观音菩萨是佛教中慈悲和智慧的象征，无论在大乘佛教还是民间信仰中，都具有极其重要的地位。据说，观音菩萨本来是道教的天道圣人元始天尊门下的女养子，号慈航真人。慈航真人先习道教而后入佛。由道入佛的慈航真人就是观音菩萨。于是道教佛教共尊共祀观音菩萨。观音菩萨能闻声救苦，到处行慈运悲，以此大悲行愿而救度天下众生。在我国东南沿海一带，观音信仰最为普遍，正所谓"家家阿弥陀，户户观世音"。所以我以为海上涵三观供奉的不是如来佛祖，而是观音菩萨。海上涵三观年久失修毁圮后，人们在其旧址上建起一座妈祖庙，所祀的妈祖女神，就被视同为民间版的慈航真人——观音菩萨。

关于涵三观，还有一个不解之谜。20世纪80年代末，时任三亚市博物馆馆长的黄怀兴先生，在《崖州古建筑对联拾零》一文中列举"海上涵三观对联"两副：其一，"元气荟函三上清同契，道原分列四统御兼成"；其二，"荟萃得殊观象阐先天生一，静深知有本理赅太极函三"。

　　经查证，其实这两副对联均为乾隆皇帝御笔，一副属于太极殿，一副属于文渊阁。太极殿是京城里皇家专用道教宫观大光明殿之一间。太极殿内供奉道教最高天神"三清"（玉清元始天尊、上清灵宝天尊、太清道德天尊），及其辅佐"四御"。太极殿匾额为"太初司化"，对联为"元气荟函三上清同契，道源分列四统御兼成"。文渊阁乃乾隆三十九年（1774年）建于北京紫禁城内文华殿后面的藏书楼，专藏四库全书。文渊阁对联："荟萃得殊观象阐先天生一，静深知有本理赅太极函三。"黄馆长所辑录，个别字与此有异，或为传抄讹误。令人颇为困惑的是，京城里御撰的宫阁对联，怎么被移用到古崎洲上的小小道观里？《崖州志》为何没有记载？

大云山上大云寺

唐朝天宝七年（748年）十二月，扬州大明寺高僧鉴真第五次东渡日本传戒，再次受挫。大师及其所率领的僧侣、画师、工匠等人众所乘的海舶，漂流"到振州江口泊岸。"

《唐大和上东征传》所说的"振州江口"，就是吾乡崖城的宁远河口。吾乡原来乃振州州治，但那时候振州已改为延德郡，只是人们习惯难改，仍然沿用旧称振州。

鉴真一行35人上岸后，便有经纪人往州里报告。别驾冯崇债得知鉴真大师到来，立即派遣兵丁迎接到州城，设斋供养，将其安置在州城的大云寺住下。

鉴真大师在吾乡居留一年的故事，《崖城从前》

中有专文记述，于此不赘。且说大师所修的大云寺。

关于振州大云寺，《唐大和上东征传》的记载仅有寥寥数语，鉴真一行"乃入州大云寺安置。其佛殿坏废。众僧人舍衣服造佛殿。住一年，造了"。所记粗疏不详。但有一点可以确认，大云寺位于振州官署所在地不远处，也就是在水南村。至于具体位置，难于认定。

10多年前我们曾经推断，南宋年间胡铨"化缘钟楼"的开元寺，也许就是唐朝天宝年间的大云寺。从相关历史背景来看，似乎不无可能。但是，自鉴真在崖城到胡铨贬崖城，已过了整整400年。即便胡铨化缘的开元寺，其前世真的就是鉴真所修的大云寺，然而经历了400年的历史变故，这座建筑还能以金刚不坏之身固守原址坚定不移吗？如果今天我们还试图通过开元寺去探寻大云寺遗址，是不是近乎刻舟求剑呢？

那么，水南何处大云寺？

在我们的探寻陷入困境时，多谢家住水南村的兄长黎月光一句话指点迷津，他说："水南村东南边有个地方叫大云山，是不是和大云寺有关系呢？"

大云山？这不是一个颇有历史文化内涵的地名吗？这个地名或许就记录了我们所要探寻的人文史迹，千年前的历史密码可能就固化在这个地名里。发现这个地名线索，立刻拓展了我们探寻大云寺遗址的思路。

然而，当我们前往实地勘察时，只见一片田畴之中有个槟榔园，根本就没有什么山。月光兄说，20世纪五六十年代的时候，他们所见的确实只是一个灌木丛生的高坡，大约有七八亩。也许因为四面八方都是平整的田园，高坡周围尽是低洼水田，因此这面坡就显得比较高。但现在回想，坡顶高度好像不过三四米。所以要说这是座山，有点夸张了，充其量也就是个山岗吧。如今变成这模样，当然是后来四五十年的开垦之功。东坡先生所言极是：自古以来，不知有多少"宏杰诡丽，坚固而不可动者"，"然而数世之后，欲求其仿佛，而破瓦颓垣，无复存者，既已化为禾黍荆棘丘墟陇亩矣"（《凌虚台记》）。

大云山虽然如今只见槟榔园，但从方位来看，大云山与水南村东头的振州官署所在地，相距二三里，与文献记载基本吻合。

这是方圆十里独一无二的一处高地，对于要求基址阔大、庭院众多的唐朝佛寺，这个七八亩的天然台基，当然是不二之选。且论堪舆之术，大云寺乃武皇之寺，礼必北面长安而背依南山，如此则面势宽广，林泉清碧，远山矗立，且佛寺门朝着前方笔架山之"气口"，自是"气"畅神通。这无疑就是当年振州大云寺所在的风水宝地。吾等多年寻你千百度，你居然就隐匿在这田园深处！

《唐大和上东征传》中说，鉴真一行35人就被"安置"在振州大云寺。可以想见，这寺院不会太小，不然，几十人如何能够安居一年？唐朝佛寺的格局，多是以大殿为主体建筑，前殿后堂，围以廊院。小寺院一般从门殿进去是个庭院，然后是供奉佛像的大殿，即佛殿。佛殿之前庭，有钟楼与经楼左右对峙。佛殿之后是讲经说法的法堂，殿堂之间为后庭。除了这些供奉佛、菩萨、天王造像的殿堂和弘法讲经的讲堂，寺院后面还有僧人日常生活起居的僧舍及厨房、库房等。从能够安置下35人的僧舍，你就可以推断出振州大云寺究竟有多大了。

公元749年，鉴真修建振州大云寺工程竣工。不过六年便发生"安史之乱"，而后又遭晚唐"会昌灭佛"及唐末五代战争，大云寺想必在劫难逃。或许命运多舛的缘故，鉴真所修建的振州大云寺，没有在历史文献上留下记载，只有民间世代口耳相传的"大云山"，告诉我们大云寺遗址之所在。

振州大云寺长什么样子？我们已不得而知。但鉴真大师从振州返回扬州后，于公元753年冬又以双目失明之身，第六次东渡日本，终于成功。公元759年，鉴真大师在日本奈良，亲自主持建成唐招提寺。这座具有盛唐建筑风格的寺院，屋顶坡度平缓，出檐深远，舒展朴实，庄重大方。我想，这也许就是吾乡振州大云寺的2.0版吧？

琼南现代教育的肇始

　　中国资产阶级改良派变法图存的戊戌维新运动，有重要任务：改革科举、废除八股、设立学堂、学习西学。1898年，改良派领袖康有为上《请饬各省改书院淫祠为学堂折》，奏请各省府州县的书院改为学校。同年5月22日，光绪皇帝谕命各省、府州县现有大小书院，一律改为兼习中学西学的学校。然而，因为戊戌政变，维新受挫，此项改革搁置下来。1901年，刘一绅、张之洞再次提出书院改学堂的奏议。同年八月初二，清廷正式下诏：各省所有书院，在省者均改设大学堂，各府及直隶州改设中学堂，各州县改设小学堂。1905年，科举终于废止。

　　地处南服尽境的崖州，则延宕至1907年，乃"合州捐赀拓其址"，把始建于1755年、偏居州城外东南隅的鳌山书院改造成小学堂。崖州时为直隶州，按照朝廷诏令，鳌山书院应该改设中学堂，却只是改成高等小学堂。次年，藤桥的龙山书院也改为永宁小学堂，乐罗的德化书院也改为乐育小学堂。州城内另设有教育黎族儿童的时雍小学堂。

据1903年清廷颁布的《奏定高等小学堂章程》，高等小学堂为初等小学堂毕业生升学之所，修业四年。科目有修身、读经讲经、中国文学、算术、中国历史、地理、格致、图画、体操等，手工、农业、商业为随意科目。如此看来，若是真正能够落实，这似乎已经初具现代教育的雏形。

崖州高等小学堂，民国元年（1912年）后，改称崖县高等小学校，修业年限改为三年。1919年又改名为崖县县立第一高等小学校，民间俗称"一高"。1923年，因为青年学生破除迷信，捣毁城隍等庙宇中的神像，崖县"一高"被"整顿"，停办两年。此后，"一高"仍然居留在鳌山书院旧址，直到1926年后，才被迁移到崖州孔庙西侧，即前清崖州儒学的明伦堂。

据《崖县事项考察表》的信息，1917年，崖县共有4所公立学校，名为公立，其实都是自筹经费，并无财政拨款。在崖城的县立第一高等小学校有教员3人，学生150余人，经费来源是膏火会供给的1200元。（膏火会是民间集资助学的公益组织。膏火，借指求学费用。）在九所村的西四区高等小学校，有教员2人，学生20余人，经费来源是村民捐助和所收学费。在崖城城西临高村的仰高小学，有教员3人，学生50余人，经费来源是校董集资设会的利息和所收学费。在西五区黄流村的育英小学，有学生30余人，经费也是自筹。政府的经费支持当然也是有的，但那是很久以后的事了。据1935年的调查记载，崖县县立第一高等小学曾经得到过公款补助300元，崖县第五高等小学也得到补助30元。

民国初期，崖县的教育状况就是如此不堪。直到国共合作的大革命时期，崖县的教育事业才得到较快的发展。1925年之前，崖县已有小学70所，学生4945人。1926年，羊栏回辉村，也设立了主要招收当地回族子弟的初级小学。然而，大革命失败后，1928年崖县的小学就缩减至49所，学生也只剩下了3407人。

1926年，时任崖县县长的陈善积极回应民众请求创办县立中学的呼声，会同崖县乡绅，在鳌山书院旧址上筹办崖县初级中学。崖县中学利用原高等小学校腾迁出的校舍，并发动全县各界人士捐资，以修缮扩建。1927年初，崖县中学获广东省教育厅备案，确定校名：崖县县立中学。学校当年正式招生三个班：第一班62人，春季入学；第二班60人，第三班68人，同在秋季入学。校长由县长陈善代任，因为所聘校长从广州前来赴任途经海口时，已被国民党右派作为"共党"疑犯拘捕。据《海南岛志》载，崖县县立中学1928年在校学生171名，教员7名。1935年前，崖县中学每年经费9000元，学生学费每年12元。

1930年初，崖县中学首届初中生毕业。为发展乡村小学，培养师资，并给部分初中毕业生提供就业岗位，崖县政府决定，于当年在崖县中学附设乡村师范班。从崖县中学当年应届毕业生中择优录取40人，继续接受高中程度的师范教育。

当年在崖县县立中学及附设乡村师范班担任教务

工作的青年学者张一凡，在其所撰写的考察报告中说：
"崖县现有高中程度的乡村师范1班，学生人数为34人；
初级中学有3班，共有学生160人；高级小学校，全县
共4间，学生人数为410人；初级小学49间，学生人数
共4565人。高级小学的教职员，全县共有24人；全县
初级小学教职员，共87人。"（转引自《三亚文史》徐
日霖文稿）

其实，当年崖县的教育状况并不容乐观。教育事
业和社会经济的发展是相辅相成的。诚如有识之士所
指出："崖县高等小学毕业生每年不下数百人，而毕业
后无从升学，半途而废者实占大多数。考其原因，一
方面虽是因为经济问题之影响，而现在的教育缺乏实
际生活要素亦其重要因子。""目下崖县初中毕业者，
薄具普通常识，则多以为本身是知识分子、绅士之班，
虽则出身农家，亦有蔑视农事心理，甚至耻其亲朋为
农卑鄙。"就这样，落后的社会经济结构，不能为投
资接受教育者提供足以回报的就业机会，教育如何能
持续发展？

我的老师廖克峋老先生曾经回忆说，崖县一高在

西边的儒学明伦堂窝了十年，1937年初才搬到东边的新校区。新校区是由公家补助资金和历届校友捐赠以及社会各界赞助，鼎力合作建设起来的，共有四间教室和两间校务处的校舍。学校还占用孔庙大成殿后面的那间尊经阁，作为图书馆和学校办公室。据说，笔者1965年就读的崖城小学，就是在这个一高的校址上重建的。

崖县一高乔迁两年后，1939年2月，日寇入侵，崖县沦陷。崖县中学被日军强占为军营。奉崖县政府之命，崖县中学转移到崖县四区抱怀村抗日根据地。崖县中学在战火中坚持办学，当年还招生一个班。返回乐罗家乡的北大研究院硕士颜任明出任校长。

抗战胜利后，1945年9月，崖县中学返回崖城原校区。1949年5月，时任崖县县长麦匡在崖县中学增设高中部，当年招生一个高（1）班。解放后，崖县中学保持原校名。1950年秋季继续招生一个高（2）班。高（1）班于1952年毕业，未能参加全国高考，所以后来与1953年毕业的高（2）班一同参加全国高考。

1955年10月，崖县党政机关迁到三亚镇，崖县中学高中部高（5）班、高（6）班和高（7）班，共三个班，随之迁到三亚镇港门村新校区，从此崖县中学进驻三亚。1984年5月，崖县改设三亚市，崖县中学亦改称三亚市第一中学。

崖县中学原初中部（24）班至（32）班三个年级，留在崖城原校区。1956年秋，崖城校区改称崖城中学。崖城中学1958年秋季开始招收高中班，成为完全中学。

早年所说崖县中学迁到三亚后，与崖县榆亚中学合并，事实错误。榆亚中学是1947年2月设立的一所初级中学，本名"崖县中正中学校"，1948年秋又改称崖县榆亚中学校。该校校址当初在原日军兵工厂区（今之跃进路崖县人民武装部旧址）。1950年秋，崖县人民政府更其名为崖县县立榆亚中学，不久它又改称崖县第二中学。后来曾用名有"三亚中学""红旗中学"，现名为三亚市第二中学。

乔迁三亚

1954年10月，中共崖县县委、崖县人民政府，以及县直属机关，从崖城迁移到三亚镇。从此，三亚镇成为崖县县城。

彼时三亚镇为乡级镇，隶属于榆亚镇（第六区）。1955年1月，三亚镇升格为区级镇，撤销第六区。

众所周知，自汉武帝开郡以来，历朝历代，琼南地区的行政中心一直都在崖城，而今却转移到了三亚镇。

其实，早在1948年3月，中共琼崖区委会所辖的崖县民主政府成立后，同年8月，中共琼崖区委和琼崖临时民主政府曾经划出榆亚以东地区成立榆（林）三（亚）县。1949年1月，榆三县改名为榆三特别区，下辖藤桥、镜云、羊栏、信孚、榆红5个乡。1950年5月海南解放后，中共崖县县委、崖县人民政府从根据地乐东温仁村迁到崖城。同时，榆三特区人民政府也从仲田岭根据地迁入三亚，为榆亚地区的行政机关。1950年9月，榆三特别区撤销，其所辖行政区域（东至三亚、榆林、红沙、藤桥，南至马岭、红塘，西到立才乡，北至今保亭县的首弓、二弓、三弓、志妈和布什等地）归属崖县。1951年1月，崖县领辖5个区和1个区级镇——榆亚镇。知道榆亚地区曾经有过另立为县的这段历史后，对于崖县党政机关东迁三亚，我就觉得不那么突兀了。

可是，历史悠久的崖城为什么被弃置了呢？十几年前我曾经问过家父。老人家是从琼崖公学出来的。他说，1950年5月他们从温仁村回到崖城后，崖县党政机关就驻扎在崖城孔庙里。我说，县委县政府都在大成殿里办公吗？他说不是。大殿做仓库用，机关办公在前面小殿和东西两排小房间，机关人员宿舍就在孔庙西边的武庙。他所说的小殿可能是大成门，东西两侧的房间可能是庑廊配殿，宿舍则是前清崖州儒学的明伦堂，后来改为关帝庙即武庙。他说，起初机关人少，后来人多了，连个正经的办公地方都没有，真不好办。他又说，一个县城就一条东门街，不过生意还好，很热闹。老爷子开头就说这些，似乎答非所问，但我知道他的意思。

历史文献记载，民国时期吾乡崖城真是凋敝不堪："城垣多芜颓，民居零落，虽非山林气象，却是村落光景，仅东门外一街，约四五百家（疑似笔误，实际不过四五十家），亦无大店。""其市镇虽说是县厅所在地，但却没有（商业）意义。居民主要从事农业，和居住在这市镇附近的侾黎交易。""（崖城）僻处南服，公共事业不甚发达，（1936年）电灯、自来水均未设备，居民多汲水于河或井中，其燃灯原料多以豆油为之，而电话近年始与海口相通，至于有线与无线电报，至今尚付阙如。至若汽车公路，县城与三亚港相通甚久……屋宇之建设规模简陋，且矮小狭窄，而黎民多编茅为屋，架木为棚，若遇飓风，鲜有不坍倒者。"那时面临的是如此一穷二白的状况，百废待举，其艰难困苦可想而知。

老爷子特别讲到1953年的大洪水：台风暴雨，山洪暴发，城下都淹了，三天三夜大水不退。交通断绝，电话不通。搭篷船出差送文件，天亮早从保平港上船，天黑才到三亚港。我查证，确有文献记载："1953年8月13日，宁远河水上涨6.1公尺。"80年代前，宁远河几乎年发大水。崖城人叫"山水上家"，且习以为常。丁卯年那次，东关市十字街口水深达三米。崖城洪灾太严重了。

　　1954年10月，中共崖县县委县政府迁移到三亚后，一直驻扎在港门上村南端，就是如今的榆亚路1号。

　　1953年，三亚镇街区面积不过1平方公里，居民1297户，5089人。1954年6月，榆亚地区的人口数据是4867户，23767人。

　　当年榆亚地区交通主干道有三条公路，道宽仅六米。两条混凝土路，其线路大致分别与今之解放路和胜利路相同。一条柏油路，线路走向则与今之榆亚路基本相同。三亚河、临川河上各有一座桥，均是水泥梁柱、松板铺面。另有两条铁路，一条从三亚港码头通往今之回新村处，然后连接石碌铁矿至田独的铁道，直达安游码头；一条则从西线田独经红沙，进入榆林军港。

日军侵占三亚时，把榆亚地区作为其发动太平洋战争的战略基地，那时的三亚近乎海南岛的中心城市。抗战胜利后，日军遗留在三亚的物资和设施，被国民政府接收大员抢掠瓜分一空。时人有记："不出一日，除铁道外，俱成陈迹。"解放后能为我所用的基础设施，也就是上述的公路、桥梁、铁道，以及一个构筑在槟榔河上的自来水"水源池"，还有几处水泥拱顶兵营和几栋军需仓库。这一切对于当时白手起家建设新县城确实很便利，但崖县县城之所以迁到三亚镇，主要权衡并非在此。

崖县新县城的选址，显然主要着眼于三亚的地理环境、区位优势等诸多因素。三亚城区依山傍海，河流环绕。从三亚湾海滨到三亚河西岸，一大片宽阔平展的盐碱沙壤地，不宜耕种，而正好可供城市建设所用。三亚河、临川河所夹流之间的"龙坡"，居民稀少，闲置荒地适宜布局各种市政设施。榆林港、三亚港则位居南海关钥，扼守出入太平洋必经的咽喉要道，区位优势得天独厚。榆林军港乃琼南要塞、国防重地。

三亚商港自清中期兴起后，即取代已经淤塞废弃的崖州大疍港，成为琼南地区与外埠及海外的通商口岸，是崖县海上客运货运出入的主要门户。与三亚港相辅相成的三亚港市，即三亚港北岸的商贸集市，是琼南最大的货物集散地，主要经营对岛外进出口贸易，盐、糖、海鲜及诸多土特产品汇集于此外运，日用百货、工业商品亦从岛外输入到此，形成了一方区域的商贸中心。三亚显然具有良好的发展条件。

　　看看今日三亚的城市风貌，当年乔迁的意义不言而喻。

早年黎村

　　崖州吾乡，侾黎聚居。侾黎是黎族五大支系之一。据说，黎语中"侾"的意思是"住在外面的人。"有妄解者称，"住在外面"就是"露宿野外"，大谬不然。自古以来，黎族所居有屋，所聚有村。《崖州志》载："山凡数十重，每过一重，稍有平坦之地，黎人即编茅居之，或数十家、数百家相聚为一村。屋宇迁徙无常，村落聚散靡定。所耕田在是，即居在是。日久地瘠，去而之他。"

　　虽然时移世易，但我们在20世纪60年代末70年代初，所见所闻的黎村，与文献记载的往昔，依然有同有异。一些历史的陈迹并未完全消失，这是因为传统依旧延续，变革尚需时日。

如今州境黎村，上百家为一自然村的已经罕见，多是六七十家或二三十家相聚为一村。古时候地广人稀，黎族人择地卜居，有点像逐水草而居的游牧民族。他们逐耕地而居。黎族祖辈相传"砍山栏"的生产方法，那是一种刀耕火种的原始耕作，先是寻找一片草木繁盛的山坡，砍倒树木晒干，然后放火焚烧，所得草木灰就算施基肥；待到雨天时候，即用木棍在坡地上戳一个个小坑，再把种子埋到坑里，任其自然生长，届时再来收获。山里水田不多，黎人多种山糯、苞米等旱地作物。如此粗放耕作，广种薄收，三年五年水土流失，便弃之另觅新地。若新开垦地离得太远，就得迁移过去，就近安居。可知耕地的多少，关系到村落规模的大小。

当年所见，黎村多是分布在河谷台地或平缓的山坡上，不但靠近耕地，且不远离山林溪流，依山傍水而地势高爽。黎村择地大有禁忌，就是地方要"干净"。但凡曾经有人毙亡或有怪诞鬼魅传说的地方，一定要避而远之。当时他们迷信，害怕恶鬼作祟危害人畜。一旦村人多染疾而日久未愈，就要杀牲"作八"

驱鬼。如果未能祛凶化吉，就得举村迁移另择别地。

也许正是因为种种缘由的迁徙无常，黎族住宅多是简易建筑。房屋都是竹木结构，骨架由竹木构成，用树干做梁柱，靠丫杈来承托。就地取材，砍树劈竹，采藤割茅，备好材料，全村合作，一天工夫就可以盖好一屋。

宋人笔记称，黎人"屋宇以竹为棚，下居牲畜，人居其上"（《诸蕃志》）。清人所记较为详细："居室形似覆舟，编茅为之，或被以葵或藤叶，随所便也。门倚脊而开，穴其旁以为牖。屋内架木为栏，横铺竹木，上居男妇，下畜鸡豚。熟黎屋内通用栏，厨灶寝处并在其上；生黎栏在后，前留空地，地下挖窟，列三石，置釜，席地炊煮，惟于栏上寝处。"（《黎岐纪闻》）吾为求是，曾采访乡间耄耋老者，都说所谓"干栏"式的高架屋未曾见过，而覆舟式的船形屋，民国时候确实是有，但并非高架，而是落地的，在宁远河上游的黎村。

据说，船形屋的特点主要是屋盖和檐墙合而为一，实际是没有檐墙，只是用树枝、竹子做成半圆拱形的框架，然后覆盖上茅草。檐口贴到地面，门口开在前后山墙。半圆拱形的屋盖，外观犹如一只颠覆的木船。后来，拱弧形的屋盖变成了两坡下水的金字顶。纵向式金字顶的茅屋，有了竹编涂泥的三尺檐墙，茅檐不再接地，檐墙也并不承重，与屋盖交接处留有通风采光的缝隙，依旧是从前后山墙开门口。

其实，黎村纵向式茅屋，前后山墙都开设门口的很少，多是前山墙开正门，后山墙不设门，或门虽设而常关，有的则只开一个窗子似的长方孔。据说这个后门，是为祖先鬼"回家"而留的。家里死了人，也只从这后门抬出，不得走正门。没有后门的，就临时在后山墙挖开一个洞送出去。"作八"驱鬼时，也是从后门洞把鬼送走。

黎人家居确实简陋。屋子门前有个柱子支承的阴棚当作门廊。木杵、木臼、农具、鸡笼等杂物，就堆放在前廊。门口一般开在山墙中柱的左侧。进门就是居室，通间没有分隔。床铺通常安放在入口右侧。床铺一般是简单的木桩框架上铺竹片或木板，离地一尺许。床上铺的有草席或露兜叶编织的席子。

入口左侧床铺对面，就是"厨房"，只垒一个"三石灶"。盛水的陶缸、陶罐、竹筒和炊具食具，就摆放在炉灶旁。用餐没有桌子，就在炉灶与床铺之间的空地上，合家围着席地而食。靠后山墙的地方，多挂竹子、木棍搭成的吊棚，以存放衣被等物件。黎家住宅都是小户型，因为子女成家后就另立门户，不和父母居住。而且女子十四五岁后，就要建筑自己的"隆闺"——小单间的闺房。也有村里几个女子共同居住的集体"隆闺"。

德国学者史图博在《海南岛民族志》中写到黎族住宅室内装饰："经常是使用猎获物和水牛角，但这些可能还有此装饰更深一层的意义，常常要在屋的梁柱上并排钉上几个水牛角。他们把兽类的骨除下时，往往留上额与咽喉。这每每把它当作以水牛做牲仪来签订的契约的所谓证据而保存着。猎获物如鹿的角叉、头盖，还有主要是它的下颚，就像猪的下颚那样把它们并排挂在墙壁上。"这是20世纪30年代初史图博在海南岛五指山区考察后所做的报告。史图博所记述的情形，时过40年，70年代初，我在一位黎族朋友家里还曾见到。那是一具分叉的坡鹿老角，还有一具穿山甲壳和不知什么山兽的毛茸茸的一条大尾巴，挂在金字架的横梁上。

清人笔记载："黎人不贮谷，收获后连禾穗贮之，陆续取而悬之灶上，用灶烟熏透，日计所食之数，摘取舂食，颇以为便。"(《黎歧纪闻》)人民公社时期，生产队的稻谷都是用牛踩踏脱粒后，才分到各家各户的。各家各户都有竹编的鼓囤或车笭装盛稻子，不可能有"连禾穗贮之""摘取舂食"的事了。可是我记得70年代初，在一些黎人家里还曾见到，灶间常挂着几束山糯穗、几串苞米穗的情形。这也许只是"怀旧"吧？

吾乡吾土

南宋人的《诸蕃志》说，吉阳军"地狭民稀，气候不正，春常苦旱，涉夏方雨。耕种不粪不耘，樵牧渔猎与黎獠错杂"。

所谓"地狭民稀"，"民稀"是实然，而地"狭"则未必。吉阳军故地，大致是今之三亚市和乐东县的区域，难言其地狭也。我揣想，所谓"地狭"，或许是指农田耕地少吧。

《新唐书·地理志》载，（开元年间）振州819户，2821口。而据《旧唐书》，彼时全海南岛人口已有15067户。振州户口可能只是编入户籍的汉人数据，未计版籍之外的黎人。但无论如何，琼南吾乡与琼北相比，显然"民稀"。

鉴真大师天宝年间在振州，看到"十月作田，正月收粟，养蚕八度，收稻再度"。这应是州城附近水南村汉人农耕的田园风光。近百年后，李德裕在贬崖州司户道中所见的"五月畲田收火米"，则是山中黎人刀耕火种的情景。唐代振州的农业生产，于此略见一斑。

《宋史·地理志》载，宋朝元丰年间，吉阳军竟然只有251户。显然失实，殊不可信。为什么这样呢？葛剑雄先生说，他研究人口史时发现："宋朝时，全国平均每户最多只有2.65口人，最少时只有1.4口人。1.4口人简直不能组成家庭，一半人都单身了，可能吗？后来仔细研究，发现这个数据是上报给中央政府作为交税依据的，那当然人口越少越好了。但向中央政府申请救灾时，每家都在5口以上。"原来如此！

元朝南北一统，天下为一，诏令："农者就耒，商者就涂，士庶缁黄，各安其业。"于是有了新气象。《元史·地理志》载，元代吉阳军（宁远县）1439户，5735口。田亩见载于《崖州志》：官民的田、地、塘共计131顷62亩。也许未必准确，但比唐宋数据阙如胜了一筹。

　　明朝崖州（宁远县）人口迅速增长，耕地面积大幅度增加。《崖州志》载，洪武二十四年（1391年），人口2760户，10282口；田地、山塘1024顷62亩。比之元代，人口增长近一倍，耕地增加达数倍。清顺治十四年（1657年），崖州田、地、塘共计2179顷26亩。到康熙元年（1662年），只剩1551顷40亩，撂荒地达627顷85亩。可见战乱之祸大矣。及至十多年后才逐渐得以恢复。光绪二十五年（1899年），崖州民户12997，丁口55727。

　　古代琼南吾乡地广人稀，百姓生计所依赖者，不仅是以稻作为核心的农业，还有在山林中的狩猎采集和河海上的捕捞养殖。在狩猎和采集的野生动植物资源还很丰富的时代，黎族山民的生计模式自然是以狩猎和采集山珍（如沉香、黄花梨等）与汉族人交易为主，以粗放的农耕为辅。"稼穑艰难"，精耕细作的农业生产劳动量，远大于狩猎和采集，而狩猎采集的回报率则要远高于农耕劳作。所以，所谓"耕种不粪不耘"，未必是愚昧懒惰。现代以后，森林退化，野生资源日竭，土地承载能力下降，山民狩猎和采集已不足以维持生计，而以较少土地可以养活更多人口的农业，就成为比较有优势的生产方式。据1926年统计，崖县黎族有5230户，丁口男女共计34700人（1933年统计为约6万人）。如此众多的人口，生计方式转向以农业生产为主，对耕地资源的需求可想而知。

民国二十年（1931年），崖县在籍人口不到10万，民国二十四年（1935年）后，崖县政区面积比之前缩小一半，人口自然随之减少。据民国二十四年中山大学"琼崖农业研究会"的《琼崖农村经济——儋崖二县农村经济》专题调查报告，崖县拥有水陆田200亩以上的农户为数不少。其中所调查的8个乡村中，崖城起晨乡农户占有田亩最多的160亩，水南村最少的也有120亩。这说的可能只是中农以上的人家吧？贫农雇农呢？民国二十年，崖县的田价平均每亩大洋17元，四年后提高到大洋19元。同一时期，崖县中小学教员的年薪，据说一般是20至40元。以此似可判断当时田价的贵贱。

解放前，崖县农村人口中不到8%的地主富农，居然占有全县70%的耕地，平均每人约据有33亩，而占农村人口92%以上的贫下中农等，所占有的耕地仅是30%，平均每人大约只有1亩，其中雇农、佃农平均每人仅有0.13亩，且多为瘠薄干旱的低产田。解放后，实行土地改革，废除封建土地制度，实现耕者有其田。1954年崖县土改运动基本完成。土改中共没收地主土地30291亩，征收富农出租的多余土地2088亩，分配给17114户贫雇农和下中农。土地改革解放了农业生产力。

1982年，崖县总人口为285091，其中人民公社农业人为182902。据同年崖县土地资源调查报告，全县现有耕地面积共计242712亩。农田土地有洋田、垌田、坑田、梯田四类，其中洋田面积占42%。万亩以上的田洋有3个，即崖城的坡田洋、羊栏的妙林洋、林旺的落根洋（包括北山洋）；5000到10000亩的田洋有4个，即保港的郎芒洋、马岭的文门洋、田独的椰林洋和荔枝沟的东岸洋；1000到5000亩的田洋有8个，即藤桥的营根洋、保境洋，田独的新村洋，羊栏的新村洋，崖城的白超洋，马岭的布甫洋，梅山的老新庄洋和雅亮的洋林洋。洋田总面积62953亩，垌田总面积27457亩，坑田总面积34507亩，梯田总面积22206亩，四类农田总面积147123亩。全县水稻田面积150609亩，占耕地面积的63.7%。时过40年，不知彼时的田园耕地，如今是否依然存在。

吉阳军城创建于何时

——《三亚史》书稿审阅意见(一则)

应邀参与《三亚史》书稿审阅，提交了一份简明的书面意见，又对几个问题进行了补充阐述。此为其一。

1.《崖州志·城池》称崖州城"宋以前系土城。庆元戊午，始砌砖，创女墙"。那么，"宋以前"究竟所指何时？是秦汉三国魏晋南北朝，还是隋唐五代十国？正是针对旧志这一语意不明确的记述，光绪版《崖州志》重修者在同一卷末《古迹》一节"宁远废县"条目之下加以"谨按"：《读史方舆纪要》崖州治宁远县城邑。考州旧无城，仅以木栅备寇。宋庆元四年始筑土城。绍定六年，甃以砖瓦，周一里余。"

这一按语的判断引自《读史方舆纪要》。而《读史方舆纪要》是清代历史地理名著，学界公认其"内容详备，条理明晰，结构严谨，考订精核，是研究我国军事史及历史地理的重要文献"。光绪版州志郑重引证了这一权威考据作为"谨按"，显然意在纠正旧志的缺失，后来郭老对此亦无异议，说明认同。

2.《吉阳军修城志》所谓"军城颓圮经年"，说明原来有"城"，但此"城"可能只是土坯垒砌的简易土围墙，而不是夯土版筑的较为坚固的土城，所以容易"颓圮"。裴崇礼《跋》云："庆元戊午兴修，但以版筑土城，而女墙独用砖耳。"说明其工程整体为"版筑土城"，"用砖"的"女墙"只是小小局部，所以不能以偏概全称"始砌砖"。

3.城址考古发掘发现夯土层，只能说明在砖城之前确有版筑土城，不能证明这是"宋庆元四年前的筑城遗存"。